LAS CUATRO
REVELACIONES

Título original: THE FOUR INSIGHTS: Wisdom, Power and Grace of the Earthkeepers
Traducido del inglés por José Vergara Varas
Diseño de portada: Editorial Sirio, S.A.

© de la edición original
  2006 Alberto Villoldo
  Publicado inicialmente en inglés por Hay House (UK) Ltd. en el año 2006

  Emisión radiofónica de Hay House en www.hayhouseradio.com

© de la presente edición
  EDITORIAL SIRIO, S.A.   Nirvana Libros S.A. de C.V.   Ed. Sirio Argentina
  C/ Panaderos, 9   3ª Cerrada de Minas, 501   C/ Paracas 59
  29005-Málaga   Bodega nº 8 , Col. Arvide   1275- Capital Federal
  España   Del.: Alvaro Obregón   Buenos Aires
                             México D.F., 01280   (Argentina)

www.editorialsirio.com
E-Mail: sirio@editorialsirio.com

I.S.B.N.: 978-84-7808-538-5
Depósito Legal: B-6.662-2007

Impreso en los talleres gráficos de Romanya/Valls
Verdaguer 1, 08786-Capellades (Barcelona)

Printed in Spain

Alberto Villoldo

LAS CUATRO
REVELACIONES

editorial Sirio, s.a.

*Para Stanley Krippner, maestro y amigo,
y para don Antonio, laika e hijo del sol.*

EL CAMINO DE LOS GUARDIANES DE LA TIERRA

Durante milenios, sociedades secretas de curanderos y chamanes indígenas americanos preservaron cuidadosamente sus enseñanzas y sabiduría, y actuaron como guardianes de la naturaleza. Estos «guardianes» han existido en muchas naciones y han sido llamados de distinta forma; por ejemplo, en los Andes y en la Amazonia eran conocidos como los «laikas».

En 1950, un grupo de laikas bajó de los Andes para asistir a la reunión anual de chamanes que tuvo lugar al pie de una de las montañas sagradas. Los nativos del lugar vieron los ponchos que llevaban los laikas e inmediatamente reconocieron las marcas que identificaban a los altos sacerdotes. Comprendieron que se trataba de un grupo de hombres y mujeres chamanes que supuestamente había desaparecido después de la época de la conquista. Estos altos sacerdotes chamanes, conscientes de que la humanidad estaba al borde de una gran crisis, habían salido de su reclusión para ofrecernos una sabiduría que pueda ayudarnos a sobrellevar los grandes cambios que vamos a tener que afrontar, una sabiduría que transforme nuestra realidad y dé a luz un mundo mejor.

LOS CONQUISTADORES Y LOS ENCUBRIMIENTOS

Los Guardianes de la Tierra enseñan que toda la creación —la tierra, los humanos, las ballenas, las rocas e incluso las estrellas— está hecha de vibraciones y de luz. Nada de lo que percibimos como material y real existe; todo no es más que un sueño que proyectamos sobre el mundo. Este sueño es una historia, y creemos que es real... a pesar de que no lo es. La sabiduría y las prácticas de los Guardianes de la Tierra nos enseñan cómo reescribir las historias de nuestras vidas para hacer lo que los chamanes llaman «soñar un mundo y hacerlo realidad».

Estas valiosísimas enseñanzas, conocidas como *las cuatro revelaciones*, fueron mantenidas en secreto por muy buenas razones. Con la llegada de los conquistadores, los inmigrantes europeos que primero saquearon y luego se establecieron en las Américas, los laikas fueron encarcelados, torturados y asesinados. Su sabiduría fue considerada un peligro y una amenaza tan grandes para la Iglesia católica que incluso en la actualidad, doscientos años después de que la Inquisición española dejara de existir en otras partes del mundo, la Iglesia continúa manteniendo una delegación activa en Lima, Perú. La Comisión para la Extirpación de las Idolatrías es gestionada por los Dominicos, quienes, en el siglo XV, declararon culpable de herejía a Juana de Arco y la sentenciaron a morir en la hoguera.

Los laikas comprendieron que este conocimiento sobre la capacidad de los seres humanos para manifestar sus sueños es enormemente poderoso y que personas sin ética podrían hacer mal uso de él. Así pues, lo escondieron no sólo de los conquistadores, sino también de sus propios compatriotas. Sin embargo, eran conscientes de que las cuatro revelaciones pertenecen a todo el mundo, de modo que cuando encontraban a un hombre blanco que no presentaba la actitud hostil y arrogante del conquistador, estaban dispuestos a compartir sus conocimientos con él. Por ejemplo, poco después de la conquista, aceptaron en su seno a un sacerdote católico, un jesuita llamado Blas Valera, que además era mestizo (mitad indio y mitad español).

El padre Valera fue iniciado en los misterios de los laikas y escribió cuatro libros sobre sus enseñanzas, pero, por desgracia, tres de ellos desaparecieron misteriosamente durante la Inquisición (el cuarto forma parte de una colección privada en Italia). Valera afirmaba que los incas eran tan civilizados como los europeos, porque podían escribir haciendo uso de un complejo sistema de cuerdas de colores con nudos llamado *Quipu*. Cuando los jesuitas descubrieron en qué andaba metido Valera, lo encarcelaron durante seis años hasta que murió. ¿Por qué decidieron silenciar a uno de sus propios sacerdotes? ¿Por qué le tenían tanto miedo a la sabiduría que estaba recibiendo para beneficio de todos? ¿Y por qué prohibieron la ordenación de más sacerdotes mestizos o indígenas después de que Valera fuese expulsado de la orden?

Yo fui otro no indígena aceptado en el seno de los laikas, y fui iniciado en el linaje de los Guardianes de la Sabiduría, en la Amazonia, cerca de la ciudad inca de Cuzco. Sin embargo, nunca fue mi intención llegar a formar parte de este linaje. Como antropólogo médico, sólo me interesaba estudiar las técnicas curativas de los chamanes. Pero el destino o el azar me llevó a conocer a mi maestro, don Antonio. Era uno de los últimos laikas vivos, y me acogió y me instruyó durante casi veinticinco años. Era un hombre de muchas vidas —durante el día, era profesor de universidad; al oscurecer, maestro chamán—. Había nacido en un pueblo de la alta montaña y conocía el estilo de vida y los comportamientos del siglo XV, pero era un hombre del siglo XXI. Aunque era descendiente de los incas, me dijo que los laikas eran mucho más antiguos que aquéllos, cuya cultura era machista y militarista. Las enseñanzas de los laikas provenían de una época anterior, una época en que el aspecto femenino de la divinidad era reconocido. Una vez le dije que había tenido mucha suerte de haberle encontrado y me respondió: «¿Qué te hace pensar que tú fuiste el que me encontró, si la iglesia no pudo descubrirnos durante los últimos quinientos años?».

Este libro es el resultado de la semilla que don Antonio sembró en mí, y hoy, como Guardián de la Tierra que soy, quiero compartir estas enseñanzas contigo, a fin de prepararte para el momento evolutivo en el que ahora estamos entrando.

Homo luminoso

Según las profecías de los mayas, los hopis y los incas, nos hallamos en un momento decisivo de la historia humana. Los mayas identificaron el año 2012 como la culminación de un período de grandes disturbios y convulsiones, un período en que surgirá un nuevo tipo de ser humano. Nuestra evolución va a dar un gran salto cuántico y pasaremos del *Homo sapiens* al *Homo luminoso*, es decir, nos convertiremos en seres con la capacidad de percibir la vibración y la luz que constituyen el mundo físico en un nivel mucho más elevado. Por primera vez, la humanidad tendrá la capacidad para evolucionar no entre generaciones, sino dentro de una generación, lo que contradice nuestros conocimientos sobre el funcionamiento de la evolución. Vamos a dar un salto cuántico biológico en el espacio de una sola vida, y las características físicas, emocionales y espirituales que adquiramos serán transmitidas a nuestros hijos y a los hijos de nuestros hijos.

Si esto te resulta difícil de creer, piensa en que generas una nueva copia de tu cuerpo cada ocho meses, ya que las células mueren y son sustituidas por otras nuevas. Al seguir las cuatro revelaciones contenidas en este libro y al ponerlas en práctica, podrás manifestar un cuerpo físico libre de la tiranía de los genes que has heredado de tus padres y de las enfermedades que portan consigo. Pero lo que es aún más importante, podrás liberarte de las limitadoras historias emocionales y espirituales que hayas heredado o hayas acabado aceptando a lo largo de tu vida.

Gracias a los descubrimientos de la física cuántica, hemos llegado a comprender que toda la materia no es más que luz densamente compactada. Pero hace milenios que los laikas conocen la naturaleza luminosa de la realidad —saben que la vibración y la luz pueden organizarse de mil configuraciones y formas—. Primero hay una matriz luminosa, y luego esta matriz produce la vida. La vibración y la luz giran y se condensan alrededor de la matriz luminosa y crean, por ejemplo, una ballena; después esta ballena dará a luz a otras.

El cuerpo humano también tiene una matriz luminosa: nos envuelve un campo de energía luminosa (CEL) que manifiesta la forma y salud del cuerpo. El CEL organiza el cuerpo de la misma forma que los campos de energía de un imán ordenan las limaduras de hierro sobre un pedazo de vidrio. Al igual que en el ejemplo de las ballenas, los humanos pueden producir otros seres humanos, pero un nuevo tipo tiene que surgir de una nueva matriz luminosa. A lo largo de milenios, los laikas aprendieron a tener acceso a la matriz biológica de la luz y a participar con el Espíritu en el desarrollo de la creación. También aprendieron a curar las enfermedades y a crear extraordinarios estados de salud, así como a moldear y transformar sus destinos individuales al cambiar el CEL.

Podemos concebir el CEL como el *software* que da instrucciones al ADN, que es el *hardware* que confecciona el cuerpo. El dominio de las cuatro revelaciones nos permite acceder a las últimas versiones de este *software* y crear un nuevo cuerpo que envejece, se regenera y muere de manera distinta. Sin la capacidad para reprogramar el CEL, estamos atrapados en las historias que hemos heredado, es decir, envejecemos, nos regeneramos y morimos de la misma forma que lo han hecho nuestros padres y abuelos, reviviendo sus enfermedades físicas y sus trastornos emocionales. Las cuatro revelaciones contenidas en este libro nos permiten liberarnos de las tiranías de nuestras maldiciones familiares, de las historias que han atormentado a nuestros antepasados.

Gracias al dominio de estas revelaciones, los laikas pudieron alumbrar una nueva vida sobre la tierra —crear una nueva especie de mariposa en la Amazonia, por ejemplo. Les permitió transportar grandes rocas montaña arriba para construir las ciudades incas. La Biblia nos dice que la fe puede mover montañas, pero hemos olvidado que tenemos la capacidad para hacerlo. Las revelaciones nos enseñan que la primera montaña que tenemos que mover es la que bloquea la percepción de nuestra naturaleza luminosa.

Al convertirnos en *Homo luminoso*, renunciaremos al comportamiento del conquistador y rechazaremos la teología que valora el control y el dominio sobre la naturaleza, una teología que justifica la explotación de ríos y bosques porque no los ve más que como recursos para el consumo humano. En lugar de eso, adoptaremos una antigua teología que la mayoría de los seres humanos hemos perdido, una teología femenina de cooperación y sostenibilidad.

LA REIVINDICACIÓN DEL ASPECTO FEMENINO DE LA DIVINIDAD

> *Y los bendijo Dios, y les dijo: «Fructificad y multi-*
> *plicaos; llenad la tierra, y sojuzgadla, y señoread en*
> *los peces del mar, en las aves de los cielos, y en todas*
> *las bestias que se mueven sobre la tierra».*
>
> Génesis 1, 28

En las tradiciones religiosas que abrazan una divinidad masculina, lo divino es considerado una fuerza que reside en los cielos, muy lejos de nosotros. En Occidente, hemos llegado a creer que para acercarnos a Dios tenemos que cultivar mediante el esfuerzo nuestra relación con él, rezando y realizando sacrificios. Pensamos que debemos ganarnos el amor y la atención de nuestro Creador, quien nos echó del paraíso por atrevernos a comer el fruto del árbol del conocimiento del bien y del mal. Según esta antigua historia, se suponía que debíamos seguir siendo como niños pero, al probar el fruto que Dios nos había prohibido, mostramos nuestra independencia, despertamos su ira y nos condenamos a vivir una vida de sudor y lágrimas, aliviada únicamente por la gracia de Dios.

Sin embargo, en las más antiguas teologías femeninas, nunca fuimos expulsados del Jardín del Edén ni separados de Dios. (Por ejemplo, los aborígenes australianos nunca fueron arrojados del Edén, ni tampoco lo fueron los subsaharianos de África o los indígenas americanos.) En lugar de eso, se nos dio el Jardín para que fuésemos sus guardianes y cuidadores. De acuerdo con estas antiguas creencias, la divinidad pone su fuerza vital en las semillas que sembramos en la fértil y rica tierra. Expresamos este potencial expandiéndonos con la divinidad a medida que producimos los frutos que alimentan a toda la humanidad. Los laikas, partidarios de esta antigua teología femenina, dirían: «No estamos aquí sólo para producir maíz, sino para crear dioses». En otras palabras, participamos de hecho con la divinidad en la cocreación de nuestro universo. Reconocemos que todo en nuestro mundo es sagrado, incluidos nosotros, y que nuestra misión es fomentar la más plena expresión de esta divinidad.

UNA TEOLOGÍA HECHA MANIFIESTA

A lo largo de la historia, estas dos distintas teologías han tenido efectos muy diferentes en cómo los seres humanos han interactuado entre sí y con el mundo. Por ejemplo, cuando los europeos llegaron a las Américas, creyeron haber encontrado una enorme tierra despoblada con ríos cristalinos y abundante caza, y que Dios les había otorgado esos tesoros para que los usaran como ellos quisieran. En realidad, había más de cien millones de indígenas que ocupaban esa tierra y que vivían en equilibrio con la naturaleza. Estos nativos tenían teologías femeninas y confiaban en que, mientras viviesen en armonía con la tierra, la Gran Madre cuidaría de ellos.

Los primeros habitantes de las Américas nunca temieron viajar grandes distancias —de Asia a Norteamérica y luego hasta Sudamérica— porque creían que dondequiera que fueran encontrarían abundante comida y cobijo. De modo que cazaron y recolectaron alimentos, y aprendieron a cultivar la tierra. Los Guardianes de la Tierra llevaron consigo estos conocimientos cuando cruzaron el estrecho de Bering hace miles de años y poblaron las Américas, desde Alaska hasta la Patagonia. Su sabiduría se había originado en los santuarios de los Himalayas y fue llevada hasta las Américas por intrépidos viajeros.

Cuando las teologías masculinas comenzaron a aparecer y las aldeas se convirtieron en ciudades, una nueva mentalidad comenzó a dominar. En lugar de trabajar con los recursos que tenían a su disposición, los seres humanos empezaron a atacar a sus vecinos, con la esperanza de adquirir más tierras y riquezas. Ya no estaban dispuestos a contentarse con lo suficiente para sobrevivir; en lugar de eso, la codicia comenzó a predominar. Creían que toda la comida del mundo les pertenecía y que se encontraban en la cima de la cadena alimenticia, en lugar de ser los *Guardianes* de ésta.

En Europa, estas ideas llegaron con los pueblos indoeuropeos que venían de Asia central, hace seis mil años. Estos pueblos creían poseer una justificación divina para sus invasiones y conquistas (de hecho, las espadas que usaban para derrotar a otros más tarde fueron invertidas para convertirse en la cruz, que fue el símbolo de las Cruzadas). Los invasores creían tener un derecho sagrado sobre las riquezas porque adoraban al «verdadero» Dios, e incluso pretendían honrar a su Creador al masacrar a los infieles que no querían convertirse a su sistema de creencias.

Los europeos perfeccionaron tanto la tecnología de la guerra que, cuando Francisco Pizarro y Hernán Cortés llegaron al Nuevo Mundo en el siglo XVI, fueron capaces de derrotar al imperio inca y al azteca con menos de cuatrocientos hombres, equipados con cañones, acero, caballos... y microbios. Los laikas huyeron a las montañas, donde mantuvieron escondida la antigua teología femenina, conscientes de que algún día tendrían que bajar a los valles para recordarle a la gente un modo de vida sostenible.

En la actualidad, podemos ver los devastadores resultados de esta mitología masculina: la deforestación, la contaminación de las aguas, la polución del aire, la erosión de los suelos... Nuestro clima está cambiando a causa del calentamiento global, y, como resultado, las sequías han empeorado, los huracanes se han intensificado, y cada año desaparecen entre cien y mil veces más especies de plantas y animales que hace quinientos años.

Los laikas afirman que hace mucho tiempo nuestro planeta fue un lugar tóxico para los seres humanos, pero la Madre Tierra enterró esas toxinas en su vientre para que la superficie pudiese convertirse en un paraíso habitable de color verde y azul.

Según las antiguas leyendas, los conquistadores iban a liberar esos venenos, convirtiendo la tierra en un páramo tóxico, y los humanos no sabríamos cómo contener esos venenos. La naturaleza habría de recobrar lentamente su salud.

La ciencia moderna confirma esta predicción. Hace doscientos cincuenta millones de años, la atmósfera de la tierra consistía principalmente en dióxido de carbono

(CO_2), que es tóxico para los humanos. Luego, cuando apareció la vida vegetal, las plantas convirtieron el CO_2 en oxígeno. Esto hizo que la mayor parte del carbono del aire quedase atrapado en la vegetación y acabase en el subsuelo. Con el tiempo, se convirtió en combustibles fósiles, enterrados en las capas profundas de la tierra. Ahora estamos extrayendo estos combustibles fósiles y quemándolos, liberando venenosos hidrocarburos en la atmósfera. Estamos creando el mismo entorno que hizo imposible la vida sobre la tierra y, sin embargo, hacemos muy poco para revertir esta dramática situación. De hecho, ciertos individuos están preparándose ansiosamente para buscar petróleo también en los polos, ya que es posible que el calentamiento global derrita los cascos polares.

Afortunadamente, existe un movimiento para recuperar los antiguos valores femeninos. Por ejemplo, mucha gente está rechazando la estructura piramidal de mando característica de las teologías masculinas —la idea de que se debe obedecer a los sacerdotes que se subordinan a los obispos que se someten a los papas que acatan las órdenes de Dios—. Mucha gente se niega también a suscribir las creencias propagadas por los científicos, que afirman que lo que no puede ser medido, percibido o controlado mediante los cinco sentidos no es real. Muchos ya no sospechan de su propio corazón, y ya no creen que tengan que confiar en dogmas o en la interpretación que otras personas hacen de lo sagrado. Están comenzando a buscar en su propio interior y en la naturaleza para encontrar el camino.

Un conocimiento experiencial

> *Y dijo Jehová Dios: «He aquí que el hombre es como uno de nosotros, conociendo el bien y el mal; ahora, pues, que no alargue su mano, y tome también del árbol de la vida, y coma, y viva para siempre». Y lo sacó Jehová del huerto del Edén, para que labrase la tierra de que fue tomado.*
>
> Génesis 3, 22-23

En una teología femenina, el camino hacia la iluminación es un camino individual. Se nos pide que confiemos en nuestras propias experiencias, en nuestras propias interpretaciones y en nuestra propia conciencia. Aunque los laikas valoran el camino de la meditación y de la oración tanto como los que creen en una teología masculina, también reconocen un tercer camino espiritual: el del conocimiento directo. Ellos no tienen ningún gran mito sobre la divinidad castigando a los humanos por haber comido el fruto del árbol del bien y del mal. En lugar de eso, creen que nuestro destino es adquirir sabiduría, ¡y que nuestro error fue no haber comido lo suficiente de ese fruto!

En la edad de la información, no somos capaces de aceptar ningún conocimiento que vaya más allá de los meros hechos y de la disposición lógica que hagamos de ellos. Tenemos religiones —e innumerables personas las practican—, pero demasiado a menudo la esencia espiritual de esas enseñanzas se ha perdido. Nos muestran interpretaciones de interpretaciones de estas grandes verdades, y analizamos y diseccionamos estas ideas, pero nunca se nos ocurriría irnos al desierto durante cuarenta días, como hizo Jesús, o meditar bajo el árbol Bodhi, como hizo Buda. Es como si pasáramos el tiempo examinando cientos de libros de cocina llenos de complejas recetas y discutiendo interminablemente sobre el contenido nutricional de ciertos alimentos y dietas, pero sin comer nada nunca. Mucha gente ha perdido la conciencia del valor de experimentar directamente lo sagrado... pero, por fortuna, la práctica de las cuatro revelaciones nos permite hacer justamente eso.

LAS CUATRO REVELACIONES

La sabiduría de los laikas consiste en cuatro revelaciones, cada una con cuatro prácticas que nos permiten ir más allá de la mera comprensión y experimentar realmente un cambio de percepción —ayudándonos así en nuestra propia transformación y en la del mundo—. Las revelaciones y las prácticas son:

❖ Revelación 1: el camino del héroe
   Prácticas: no juzgar, no sufrir, desapego, belleza
❖ Revelación 2: el camino del guerrero luminoso
   Prácticas: ausencia de miedo, ausencia de acción, certeza, ausencia de enfrentamiento
❖ Revelación 3: el camino del visionario
   Prácticas: mente de principiante, vivir con coherencia, transparencia, integridad

❖ Revelación 4: el camino del sabio
   Prácticas: dominio del tiempo, adueñarte de
   tus proyecciones, sin mente, alquimia indígena

Aprendí las cuatro revelaciones bajo la tutela de don Antonio. Juntos, viajamos desde el lago Titicaca, «el mar en la cima del mundo», a través de la selva amazónica, hasta las ruinas de los reinos en el desierto de Perú. Él creía, al igual que yo, que los nuevos Guardianes de la Tierra vendrían de los dominios del águila —es decir, de América y de Europa—. Ha llegado el momento de divulgar estas revelaciones. Creo que don Antonio me instruyó para que yo sirviera de puente y divulgase estas enseñanzas de los antiguos laikas en el siglo XXI.

A lo largo de los últimos veinte años, he enseñado a mis alumnos a que usen las revelaciones para su curación personal y para ayudar a otros mediante el trabajo con la esencia luminosa del cuerpo. Muchos de ellos han obteni-do resultados extraordinarios, restaurando su salud y trans-formando la vida de los demás. Las revelaciones les han permitido convertirse en personas de poder y gracia, así como seguir el camino de los Guardianes de la Tierra.

Si quieres comenzar a vivir tu vida de forma distinta y percibir las cosas con nuevos ojos, es importante que vayas más allá de una mera comprensión intelectual de las reve-laciones y sigas de hecho sus prácticas. Si no lo haces, es posible que te sientas inspirado por las revelaciones, pero no podrás transformarte realmente a ti mismo.

Al dominar las prácticas energéticas de las revelaciones, podrás liberarte de las historias que tu cultura y tus genes han escrito para ti —la historia de cómo debes vivir tu vida, reaccionar ante el mundo que te rodea y morir—. Podrás convertirte en el autor de tu propia vida, desafiando las viejas ideas sobre causa y efecto así como sobre los límites del tiempo.

En los siguientes capítulos, conocerás los cuatro niveles a través de los cuales la vibración y la luz crean la vida: el de la serpiente, el del jaguar, el del colibrí y el del águila. Y lo que es más, aprenderás técnicas prácticas que te ayudarán a soñar y manifestar un mundo de abundancia, salud y felicidad —para ti, para tus seres queridos, y para todas las personas y criaturas—. Te convertirás en un Guardián de la Tierra.

PRIMERA PARTE

COMPRENDER LA ENERGÍA DE LA PERCEPCIÓN

LOS CUATRO NIVELES
DE LA PERCEPCIÓN

En la ciencia, creemos que el universo funciona de acuerdo con una serie de preceptos, o reglas, que nos permiten predecir lo que va a suceder y responder de forma apropiada a las diversas situaciones. La física tiene sus leyes, las matemáticas sus teoremas y la biología sus principios. Por ejemplo, los axiomas de las matemáticas establecen que dos más dos sea siempre igual a cuatro, y las leyes de la física nos aseguran que los objetos nunca caerán hacia arriba.

Tal vez la regla más importante de la ciencia sea la ley de causa y efecto, o causalidad. Es decir, cuando una manzana cae de un árbol, sabemos que va a ir a parar al suelo, cuando una paloma defeca al volar por encima de nuestro coche, podemos estar seguros de que el excremento se estrellará contra nuestro parabrisas y cuando accidentalmente olvidamos una cita para encontrarnos con alguien, tenemos la certeza de que esa persona estará enfadada con nosotros. También nos da seguridad el hecho de creer que si nos esforzamos, aprendemos y seguimos todas las reglas, tendremos el máximo control sobre nuestras vidas, y esto nos hará sentirnos felices y protegidos.

Cuando las reglas dejan de funcionar —cuando dos más dos *no* dan el resultado esperado—, nos sentimos furiosos y desorientados. No podemos comprender la muerte de una persona joven y sana, porque se nos ha enseñado que si vivimos nuestras vidas de la manera correcta, no tendremos que enfrentarnos a la muerte durante mucho tiempo. Aunque comprendemos que no tenemos un control total sobre los acontecimientos, creemos que mientras hagamos lo que se supone que debemos hacer, podemos contar con que nada malo nos ocurra. Como pensamos que la causalidad es una ley confiable de la naturaleza, vivimos según las reglas y raramente intentamos violarlas.

Para los laikas, sin embargo, la sincronicidad es la principal ley de la vida. Creen que aunque las cosas puedan suceder debido a una causa anterior (por ejemplo, planta una semilla y el maíz crecerá), es igualmente probable que sucedan debido a las coincidencias, las casualidades y las circunstancias. Si dos amigos se encuentran accidentalmente en un aeropuerto, existe sin duda un motivo escondido para que esto haya sucedido. No obstante, la razón de ese encuentro aún no ha sido revelada, ya que está en el futuro.

Cómo cambiamos nuestro mundo
con la percepción

Todos queremos mejorar el mundo. Miramos a nuestro alrededor y vemos problemas —crímenes, polución, abuso infantil...— y como somos una sociedad de reglas, creemos que las leyes y los mandamientos religiosos nos ayudarán a cambiar las circunstancias. Por ejemplo, los estadounidenses eligen a congresistas que aprueban más leyes cada año, con la esperanza de que estas reglas mejorarán la vida de los ciudadanos.

En cambio, los antiguos griegos eran un pueblo de *conceptos* —sabían que no existe nada tan poderoso como una idea cuyo momento ha llegado—. Como manipulaban las ideas con tanta elegancia, fueron capaces de inventar la democracia, desarrollar la filosofía y sistematizar las matemáticas. Sus vecinos romanos, por otro lado, eran grandes legisladores, y el derecho romano ha influenciado muchas leyes actuales en el mundo occidental. Cuando se enfrentaban a grandes problemas, los filósofos concebían nuevos sistemas, mientras que los romanos llamaban a sus legiones para que hiciesen cumplir los *preceptos*.

Los laikas no viven según unas reglas o ideas. Si quieren cambiar su mundo, no aprueban nuevas leyes ni inventan nuevas teorías. En lugar de eso, deciden cambiar la forma en que perciben un problema. Al modificar su *percepción*, convierten un problema en una oportunidad. Como verás, las cuatro revelaciones y sus prácticas correspondientes te ayudarán a cambiar tus percepciones, a soñar un mundo y hacerlo realidad.

LOS CUATRO NIVELES DE LA PERCEPCIÓN

Los Guardianes de la Tierra aprenden a experimentar las cosas de tal forma que ya no se las toman de manera personal, y hacen esto en el nivel perceptivo de la serpiente. En este nivel, los acontecimientos ya no te suceden a ti; simplemente ocurren. La paloma no defeca encima de tu coche para molestarte; tan sólo defeca, y te ensucia el parabrisas. No llueve para que te mojes; sencillamente llueve.

Cuando cambias la percepción de tus experiencias, también alteras la manera en que estas experiencias te afectan. Ya no eres la causa o el efecto de nada, y sientes un inmenso alivio porque el mundo es exactamente como debería ser —y no te necesita a ti para que arregles las cosas.

En Occidente, tenemos tendencia a asociar nuestra percepción con las docenas de estados de conciencia que ya conocemos. Por ejemplo, nos encontramos en un cierto estado de conciencia cuando nos estamos despertando o cuando estamos a punto de dormirnos, en otro cuando nos hallamos perdidos en nuestras ensoñaciones, en otro cuando nos sentimos enfadados, etcétera. En cada uno de estos estados, se activa una parte diferente del cerebro.

Los niveles de percepción, en cambio, existen independientemente de la mente. (De hecho, el segundo nivel del jaguar —del que hablaré en un momento— contiene la mente y todos sus estados de conciencia.)

Existen cuatro niveles de percepción a través de los cuales los laikas entran en contacto con el mundo. Estos niveles corresponden a las cuatro dimensiones de la manifestación de la vibración y la luz: *el mundo físico* (nuestro cuerpo), *el reino de los pensamientos y las ideas* (mente), *el reino del mito* (alma) y *el mundo del espíritu* (energía). Estos niveles de percepción están asociados a los cuatro cuerpos energéticos que conforman el campo energético humano. Están anidados unos dentro de otros como si fueran muñecas rusas, con el cuerpo físico en la parte más interior, el cuerpo mental envolviendo y animando la cáscara física, el alma circundando el cuerpo físico y el mental, y, por fuera, el cuerpo espiritual animándolos y organizándolos a todos.

Cuando pasamos de un nivel de percepción al siguiente, conservamos nuestra capacidad para funcionar en el nivel inferior, pero tenemos una visión mucho más amplia de lo que estamos experimentando. Esto me recuerda la vieja historia del viajero que se encuentra con dos picapedreros. El viajero le pregunta al primero: «¿Qué estás haciendo?», y el picapedrero le responde: «Estoy tallando la piedra». Luego se acerca al segundo y le pregunta: «¿Qué estás haciendo?», y éste le responde: «Estoy construyendo una catedral». En otras palabras, ambos hombres están realizando el mismo trabajo, pero uno de ellos es consciente de que puede elegir formar parte de un sueño más grande.

Albert Einstein dijo una vez que los problemas que afrontamos no pueden resolverse en el mismo nivel en que fueron creados. En ese sentido, ser capaz de pasar a un nivel más elevado de percepción puede ayudarnos a encontrar soluciones a nuestros problemas, resolver conflictos, curar enfermedades y experimentar la unidad con toda la creación, mientras que antes sólo percibíamos angustia y separación.

En este capítulo aprenderás que existe una solución espiritual para cada problema que encuentres en el mundo físico, en tu mente y en tu alma. Aprenderás que no puedes eliminar la escasez de tu vida al conseguir otro trabajo, o al superar, mediante la comprensión de tu infancia, tus sentimientos de abandono o de ira. *Sólo puedes resolver estos problemas en el nivel superior al cual fueron creados.*

Los Laikas asocian cada nivel de percepción con el animal que representa los poderes y habilidades que uno debe adquirir para influenciar la realidad en esa dimensión. (Cada nivel tiene también un lenguaje propio que podemos aprender a dominar). Veamos ahora con más detalle cada uno de estos niveles.

1. EL CUERPO Y LA PERCEPCIÓN FÍSICA: EL NIVEL DE LA SERPIENTE

La serpiente es una criatura instintiva con unos extraordinarios sentidos que le permiten saber dónde hay comida y dónde un depredador. De la misma forma, en el reino físico, los humanos confiamos en nuestros sentidos para que nos den una imagen de nosotros mismos y del mundo. Éste es un nivel de percepción muy material, donde todo es tangible, sólido y difícil de cambiar, donde la realidad es un 1% espíritu y un 99% materia.

Con la percepción de la serpiente, podemos ver, tocar e incluso oler el objeto que tenemos delante, como por ejemplo una barra de pan, y sabemos que está ahí, físicamente presente. No imaginamos las espigas de trigo, al panadero amasando o el fuego que convirtió la masa en un pan que podemos comer —sólo vemos un objeto que va a saciar nuestra hambre—. Asimismo, no vemos el sexo como un acto de amor, sino como una ansia física que va a satisfacer nuestro deseo.

En el nivel de la serpiente, el lenguaje que usamos para describir la realidad es molecular y químico. Podríamos describir el pan científicamente, llamándolo «una sustancia alimenticia creada a partir del trigo, de la levadura y de otros ingredientes; una sustancia que tiene una cierta composición química». También podemos describirlo como un alimento, y seguimos nuestro instinto para comerlo si tenemos hambre. Todo es tal como parece: una barra de pan es sólo eso; una paloma defecando es sólo eso.

Cuando vemos los problemas únicamente a través de los ojos de la serpiente, intentamos encontrar soluciones físicas. Queremos cambiar de trabajo o de coche, encontrar una nueva pareja o tener una aventura. Si sentimos un dolor de cabeza, lo llamamos «migraña» y buscamos algún medicamento. Si vemos a un niño portándose mal en clase y peleándose con un compañero, lo tildamos de «travieso» y lo castigamos. A veces, estas soluciones funcionan, pero a menudo son demasiado simplistas.

En el nivel de la serpiente, dependemos totalmente de nuestro instinto y no reflexionamos con más profundidad sobre nuestros problemas. Estamos funcionando a partir de esa parte del cerebro que compartimos con los lagartos y los dinosaurios, es decir, somos conscientes de nuestros cuerpos físicos, pero no de los niveles mental, creativo y espiritual. En este estado, percibimos las formas externas y aceptamos sólo lo que es obvio, pero permanecemos ciegos a nuestros sentimientos y a los de los demás. Carecemos de un pensamiento rico y complejo, y simplemente actuamos y reaccionamos. Este estado puede ser muy útil para funcionar en el mundo físico. Después de todo, necesitamos pagar las cuentas, cortar el césped y llevar a los niños al colegio sin buscarle ningún otro significado a estos actos. Y, como señaló una vez Sigmund Freud, «a veces un puro es simplemente un puro».

Actuar desde el nivel de la serpiente —es decir, poner un pie frente a otro— puede ser muy útil para superar crisis urgentes. Nuestro cerebro reptiliano posee el control, funcionando a partir del instinto de supervivencia, y simplemente hacemos lo que hay que hacer sin perder una valiosa energía pensando sobre el asunto, analizándolo o angustiándonos por su causa. Todos sabemos lo agotadora que puede resultar una persona que se niega a funcionar desde este nivel, incluso cuando lo más práctico es hacerlo así, y que prefiere buscarle un significado profundo a los asuntos más triviales, en lugar de simplemente poner manos a la obra.

Los instintos de la serpiente también son muy útiles porque pueden alertarnos de un peligro antes de que lo percibamos conscientemente —un lugar o una persona nos da «malas vibraciones» sin que sepamos muy bien por qué, o presentimos que hay un coche de policía más adelante, y disminuimos la velocidad—. La serpiente es un estado esencial que hay que dominar, ya que tenemos que ser eficaces en el mundo físico y actuar con sentido práctico. Pero cuando dejamos que nos domine nuestra necesidad de sobrevivir por cualquier medio, no es muy agradable estar con nosotros. Perseguimos los símbolos más literales de seguridad, como tener una gran cuenta bancaria y muchos juguetes materiales, y nos dejamos dominar por la codicia, la avaricia y la sospecha. Nos crispamos, nos contraemos y atacamos antes de que el enemigo pueda hacerlo; acumulamos armas y construimos barreras. De hecho, los arqueólogos que han excavado los yacimientos neolíticos han descubierto que las primeras defensas construidas por los seres humanos no habían sido diseñadas para protegerlos de enemigos físicos, sino de los invisibles peligros y espíritus malignos que percibían desde el estado de la serpiente.

Desgraciadamente, una gran parte de la humanidad ha vivido en el nivel de la serpiente durante miles de años. Mucha gente que toma literalmente la Biblia y el Corán, con sus mandamientos de matar a los infieles, aún reside en este nivel. Es importante ser capaz de pasar a uno superior, por nuestro propio bien y el del mundo, porque el nivel de la serpiente es el del cruel «ojo por ojo y diente por diente».

2. LA MENTE Y LA PERCEPCIÓN EMOCIONAL: EL NIVEL DEL JAGUAR

En el siguiente estado de percepción, el del jaguar, la mente interpreta nuestra realidad. Reconocemos que la mente es capaz de crear enfermedades psicosomáticas o restaurar la salud, que la ira reprimida puede causar cáncer, y que una actitud positiva puede traernos alegría y paz a nosotros mismos y a los que nos rodean. Somos conscientes de que nuestras experiencias son influenciadas por nuestros pensamientos y que todo no es necesariamente como parece ser en el mundo físico.

Ahora, cuando miramos una barra de pan, sabemos que proviene del trigo y del panadero, y pensamos en sus muchas posibilidades. Podemos elegir comenzar a comerla, guardarla para más adelante o envolverla y dársela a alguien que es pobre. Podemos agregarle mantequilla y ajo, y meterla en el horno, o hacer algo realmente fuera de lo normal, como lanzársela a alguien al otro lado de la habitación y comenzar una batalla de comida. Pero nos han enseñado ciertas creencias sobre el pan, que influyen en nuestra decisión de qué hacer con él. Sabemos que no está bien desperdiciar comida, así que abandonamos rápidamente la idea de lanzársela a alguien sólo por diversión.

En resumen, comprendemos que tenemos varias opciones, pero también sabemos que estas opciones se ven limitadas por nuestras creencias acerca del pan. También entendemos los significados simbólicos de este alimento: «ganarse el pan», «más bueno que el pan», «el pan nuestro de cada día»... Un pedazo de pan puede representar algo más que el hecho de saciar nuestra hambre, y una relación sexual puede significar más que la mera satisfacción de nuestro deseo —puede ser un acto de intimidad.

El reino de las creencias, ideas y emociones está asociado al jaguar porque este tipo de percepción puede transformar de repente las situaciones, haciendo que las veamos de forma distinta, y esta criatura es el arquetipo del cambio repentino. El jaguar divisa su presa y se abalanza sobre ella, arrebatándole rápidamente la vida; sin embargo, esto ayuda a disminuir la población de otros animales y mantiene el equilibrio en la selva, permitiendo que proliferen otras formas de vida dentro del ecosistema. Del mismo modo, una única revelación puede permitirnos liberarnos de nuestros sentimientos negativos o de una antigua forma de actuar que nos impedía progresar.

Los instintos del jaguar son diferentes a los de la serpiente, a la que sólo le preocupa la supervivencia. Los jaguares son curiosos e inquisitivos —nuestro instinto de gato nos conduce hacia las personas y las situaciones apropiadas (o a las equivocadas, si nuestro instinto felino es deficiente)—. La percepción del jaguar está asociada al *cerebro mamífero*, el cerebro de la emoción y de los profundos sentimientos de amor, intimidad, empatía y compasión. Pero también es el cerebro de la agresión, la superstición, los amuletos, los hechizos, Nostradamus y Genghis Khan. El lenguaje en el nivel del jaguar es hablado o escrito, y lo usamos para crear y expresar ideas, creencias y sentimientos. Aquí comprendemos símbolos y signos, y nos podemos poner de acuerdo en que ciertos sonidos son palabras que tienen un significado específico.

En el nivel del jaguar, reconocemos que le podemos dar un pescado a un hombre hambriento, pero que enseñarle a pescar sería una solución más práctica a largo plazo. Sabemos que le podemos dar un pedazo de pan a un niño hambriento, pero también que no sólo de pan vive el hombre. Nos elevamos por encima del nivel literal y vemos una gama más amplia de posibilidades en cualquier situación. Si padecemos una migraña, nos preguntamos a nosotros mismos: «¿Cuál puede ser la causa? ¿Qué es lo que mi cuerpo está intentando decirme?».

Al igual que el nivel mental incluye el físico, en el nivel del jaguar incorporamos lo que experimentamos en el estado de la serpiente. De modo que si sufrimos un dolor de cabeza, tenemos conciencia del dolor, pero también pensamos en si hemos podido consumir algo que lo pueda haber causado, como chocolate o vino tinto. Consideramos la posibilidad de que la migraña sea un síntoma de otro tipo de trastorno —quizá estamos asumiendo más responsabilidades de las que podemos manejar, o quizá estamos preocupados por nuestro trabajo o nos hemos peleado con nuestra pareja, y nuestro cuerpo reacciona creando un dolor de cabeza.

Con los ojos del jaguar, observamos al niño que se está comportando mal en clase y nos preguntamos: «¿Por qué este niño no puede quedarse tranquilo en su sitio?». Nos cuestionamos si el niño habrá comido muchos dulces y siente una gran necesidad física de moverse, o si estará aburrido con lo que el profesor está diciendo, y así sucesivamente. Somos capaces de percibir muchas más cosas acerca de la situación que en el estado de la serpiente; por lo tanto, podemos pensar en muchas más soluciones. No nos limitamos a castigar al niño que se ha comportado mal, sino que nos cercioramos de que haya tomado un buen desayuno y haya tenido la oportunidad de caminar y correr antes de sentarse en su sitio y concentrarse en escuchar al profesor. Del mismo modo, no nos limitamos a tomar una pastilla para el dolor, sino que aprendemos a asumir responsabilidades adicionales y comenzamos a expresar la ira que hemos estado reprimiendo. Como tenemos más posibilidades, somos capaces de realizar cambios eficaces y resolver problemas mucho más complejos.

3. EL ALMA Y LA PERCEPCIÓN SAGRADA: EL NIVEL DEL COLIBRÍ

El siguiente nivel de percepción (que también incluye los dos anteriores) es el del alma. El lenguaje de este nivel está constituido por imágenes, música, poesía y sueños —es el reino del mito, donde el alma puede experimentarse a sí misma en un viaje sagrado, y por eso este nivel está simbolizado por el colibrí—. Aunque es muy pequeño, este pájaro es capaz de volar miles de kilómetros durante su migración anual desde Canadá hasta Brasil. Nunca pierde su sentido de la orientación o su voluntad para seguir adelante, y nunca se pregunta si tendrá suficiente comida o fuerza para el viaje. En el reino de lo mítico, todos somos como colibríes, en un grandioso viaje y con el anhelo de beber únicamente el néctar de la vida. Cuando no percibimos nuestro viaje como algo sagrado, nos quedamos atrapados en el nivel de la mente y sus complicados análisis sobre el mundo. Desde el nivel del colibrí, vemos todas nuestras experiencias como parte de un épico viaje.

El estado perceptivo del colibrí está asociado al neocórtex, la estructura más reciente del cerebro humano. El neocórtex comenzó a desarrollarse hace alrededor de 100 000 años, y a él le debemos nuestra capacidad para razonar, visualizar y crear. Es el cerebro de Galileo y Beethoven, de la ciencia, del arte y de la mitología.

En el nivel del alma, los problemas que no podemos resolver con la mente de repente presentan soluciones. Por ejemplo, hace algunos años en Perú, los indígenas comenzaron a creer que el barato y sano pan de grano entero que habían comido durante generaciones era inferior al pan blanco hiperprocesado que se vendía en las tiendas y que consumían los ricos. El resultado fue que comenzaron a alimentarse con este pan menos sano, y esto estaba afectando a la salud de la población.

El presidente de Perú podría haber intentado resolver este problema en el nivel de la mente y haber tratado de convencer a la gente mediante una campaña publicitaria de que el pan de grano entero es bueno para la salud, o podría haber persuadido al parlamento para que aprobara una ley que aumentara el impuesto sobre el pan blanco, en un intento por obligar a la gente a que comprara el otro tipo de pan. En lugar de eso, eligió afrontar el problema desde el nivel de percepción del colibrí.

El presidente reconoció que para la gente sencilla de su país el pan blanco había pasado a representar el éxito y la sofisticación, mientras que el negro de grano entero simbolizaba pobreza y precariedad. Sabía que tenía que cambiar su percepción de que el pan blanco es mejor, de modo que hizo un anuncio en la televisión en el que aparecía cenando con su familia en el palacio presidencial, y comiendo pan negro. Sabía que esto enviaría un mensaje de que el pan negro es el alimento de la gente exitosa y sofisticada, y la estrategia funcionó. Los indígenas de Perú volvieron a comer pan negro porque era el pan de los reyes, ¡no de los campesinos!

Cuando como en un restaurante en Perú, siempre lleno mi bolsa con los panecillos sobrantes, porque sé que tendré una oportunidad para ayudar a alguien dándole un panecillo que puede ser su única comida del día. Una vez que estaba viajando con un anciano laika, me vi rodeado de niños en una estación de autobús, y todos ellos esperaban que les diese alguna moneda o algún caramelo. Comencé a sacar los panecillos de mi bolsa y a distribuirlos, pero el anciano me dijo: «Éste no es el pan que estos niños necesitan. El tipo de comida que mi pueblo precisa es el alimento para el alma, no para el estómago». Me quitó la bolsa y se puso a distribuir él mismo los panecillos, pero, al hacerlo, comenzó a contarles a los niños historias sobre sus antepasados incas.

Después, explicó: «Estas historias son el alimento que desean realmente. Les di no sólo el pan que los alimentará esta noche, sino el que los alimentará a lo largo de toda la vida». El anciano percibía las cosas con los ojos del colibrí —para él, las historias eran un alimento para el alma—. Cuando me vio repartiendo los panecillos, intervino en el nivel de lo sagrado al ofrecerles a estos niños la mitología de su pueblo.

En el nivel del alma, las cosas son lo que realmente son: una expresión de lo sagrado. Una casa no es simplemente un techo sobre tu cabeza, es un hogar. Una esposa o un marido no es sólo la persona con la que compartes los deberes de la casa y la educación de los hijos, es alguien que tú has elegido, un compañero o compañera en un gran viaje.

En este estado, miras un pedazo de pan y te preguntas: «¿Tengo hambre de pan, o tengo hambre de la posibilidad de compartir que el pan representa?». Comprenderás la importancia de distribuir el pan entre otros, y cómo tu barriga nunca podrá estar verdaderamente llena mientras otras personas pasen hambre en el mundo.

En el nivel del colibrí, percibimos más allá de la superficie de las conversaciones y escuchamos mensajes escondidos. Operamos con metáforas, de modo que si sufrimos una migraña, nos preguntamos: «¿Estaré volviéndome loco? ¿Qué pensamientos están atascados en mi cabeza? ¿Qué significa esto?». En la medicina china, se dice que la ira no expresada reside en nuestro hígado, de modo que si tenemos problemas de hígado, sabemos que puede ser una señal de nuestra ira reprimida. De esta manera, si nuestra función hepática es lenta, nos preguntamos: «¿Qué medicamento puedo tomar?», pero también: «¿Cómo puedo practicar el perdón, tanto conmigo mismo como con los demás?». Comprendemos que la enfermedad es una señal de advertencia que nos dice que está ocurriendo algo a lo que debemos prestarle atención, y no tratar sólo el síntoma.

Cuando vemos un niño hiperactivo con los ojos del colibrí, nos preguntamos: «¿De qué manera puede ser el problema de este chico una oportunidad?». Reconocemos que darle Ritalin a un niño hiperactivo puede hacer que permanezca en su sitio y se concentre en lo que el profesor le está diciendo, pero somos conscientes de que esto le puede quitar su capacidad natural para hacer varias cosas a la vez. En la jungla, el «problema» de comportamiento de este niño o su «déficit de aprendizaje» podrían ser una ventaja

—sería capaz de escuchar a los pájaros llamándose entre ellos y el rumor de la cascada, así como mantener al mismo tiempo una conversación, además de permanecer atento ante cualquier peligro potencial. En el nivel del colibrí, consideramos que la capacidad del niño para distraerse con facilidad es un don que le resultará muy valioso en el viaje de su alma.

En este nivel, presentimos que todos nos encontramos en un viaje de crecimiento y curación, en busca de nuestro destino: una situación de divino bienestar. Si experimentamos una migraña, nos preguntamos a nosotros mismos: «¿Qué camino me está señalando este dolor de cabeza?». Es posible que debamos comer menos chocolate, tomar algún medicamento y reducir el estrés en nuestras vidas. También es posible que el camino hacia la curación implique un viaje más amplio: quizá necesitemos terminar una relación infeliz, puede que haya llegado la hora de abandonar una remota área rural donde no podemos encontrar trabajo ni crear un sentido de comunidad, o precisemos liberarnos de la ira y la frustración que sentimos hacia nuestros padres, y también del miedo a acabar siendo igual a ellos. Curamos el dolor de cabeza curando el alma. Vemos caminos que nos llevarán a recobrar la salud, y comenzamos nuestro viaje de curación.

El nivel del colibrí es mucho más poderoso para producir cambios que el del jaguar. Por eso la visualización es más poderosa que la simple recitación de afirmaciones positivas. Cuando quieras asegurarte de que tu futuro vaya a tener un resultado deseable, necesitas visualizarlo sólo una vez desde el estado de percepción del colibrí. Desde el nivel del jaguar, tendrás que repetir la afirmación verbal docenas o quizá centenas de veces para obtener un resultado similar.

4. LA PERCEPCIÓN ESPIRITUAL: EL NIVEL DEL ÁGUILA

Cuando el águila sobrevuela el valle, es capaz de captar visualmente los árboles, el río e incluso la curvatura de la tierra...; sin embargo, también puede divisar un ratón que se encuentra 700 metros por debajo de ella. Su capacidad para ver al mismo tiempo tanto el panorama global como una pequeña parte de él es una cualidad característica del nivel del espíritu.

En el nivel del águila, la realidad es un 99% conciencia y un 1% materia. Hay poca forma o sustancia, y el lenguaje es energía. El cerebro asociado a este nivel es el córtex prefrontal, que algunos científicos llaman el «cerebro de Dios». En el nivel del águila, ya no hay una persona pobre recibiendo un pedazo de pan y una persona rica entregándoselo —sólo Espíritu alimentando al Espíritu—. Ya no nos sentimos individuos separados de nuestro entorno y de los demás; las barreras se disuelven cuando nuestras almas individuales reconocen su unidad.

Llamo a esta situación el «estado ¡puf!» porque en este nivel de percepción la materia simplemente desaparece. Cuando observamos al niño hiperactivo, no vemos enfermedades o problemas —sólo es Dios experimentándose a sí mismo bajo la forma de este niño—. Cuando le preguntas a un laika quién es, te dirá: «Soy las montañas, soy el río, soy el águila, soy la roca». Desde el nivel del jaguar, es posible que se vea a sí mismo como una persona que se está recuperando de la pérdida de un ser querido, pero desde el nivel del águila, sabe que es Dios disfrazado de ser humano, así que intenta residir permanentemente en las alturas del águila.

Cuando nos enfrentamos a una dificultad, cuanto más nos acerquemos al nivel del Espíritu, menos energía necesitaremos para cambiar las cosas. En el nivel más bajo, podemos ver guerra, pero desde más arriba, seremos capaces de ver el malestar de la gente que nos va a llevar a la guerra, lo cual es un problema mucho más fácil de resolver. Abajo está la polución; más arriba, la cuestión de por qué usamos envases plásticos y por qué los tiramos al suelo. Desde el nivel del colibrí, insistimos en que hay que reciclar; desde el del águila, nos preguntamos por qué no eliminamos del todo los envases plásticos. Abajo está nuestro hijo teniendo problemas con la ley y con otras personas; arriba, la cuestión de si le estamos enseñando con nuestro ejemplo a relacionarse con los otros y a respetarlos.

En los niveles inferiores de la percepción, podemos intentar buscar una manera de evitar la guerra y la polución, ayudar a los desfavorecidos o convencer a los que se niegan a reciclar la basura —pero en el nivel del águila, podemos convertirnos en paz—. Podemos transformarnos en belleza y en fuerza curativa, y encarnar las limpias aguas de un río. Dejamos de percibir una separación entre nosotros y nuestro entorno, o entre nosotros y otras personas.

Una manera de comprender este elevado tipo de percepción, donde se disuelven nuestras ideas tradicionales sobre la naturaleza de la realidad, es considerar la física cuántica. Los físicos han descubierto que, en el nivel subatómico, la materia es mucho menos sólida y tangible de lo que pensábamos. En otras palabras, una mesa no es sólida en absoluto, sino un remolino de partículas y ondas. Werner Heisenberg fue el primero en dejar perplejos a los físicos con esta idea, postulando en su «principio de incertidumbre» que cuando observamos un electrón para medir su velocidad, esto cambia su posición. De modo que si esperamos que se comporte como una partícula, éste se comporta como partícula; si diseñamos un experimento donde tiene que actuar como onda y golpear simultáneamente dos blancos dispuestos lado a lado, el electrón cooperará. Este descubrimiento fue muy perturbador para muchos científicos, incluido Einstein, quien exclamó que «Dios no juega a los dados» con el universo. Sin embargo, los Guardianes de la Tierra siempre han sabido que nuestra percepción del mundo determina su propia naturaleza.

En otras palabras, tanto la física cuántica como los Guardianes de la Tierra afirman que el mundo se está soñando a sí mismo y que así es como se manifiesta: las ardillas, los peces y nosotros lo estamos soñando —incluso las piedras lo están haciendo, aunque su sueño es profundo y duradero—. La física cuántica explica cómo sucede; los laikas nos dicen cómo hacerlo. La física nos enseña cómo el agua se evapora y forma una nube de vapor, mientras que los laikas nos muestran cómo hacer que llueva.

Obviamente, los humanos experimentamos la realidad a través de nuestra propia percepción, y no mediante la de los alces o las piedras. Se decía que algunos laikas podían adoptar la forma del jaguar o del águila, y sentir el roce de la vegetación a medida que avanzaban por la jungla, o el viento en las alas cuando sobrevolaban el valle. Hacían esto para percibir el mundo a través de los ojos de otro, para descubrir si había un río al otro lado de la montaña o para saber por qué los cóndores se estaban extinguiendo.

En la física, la teoría del caos explica que una tormenta tropical en el Caribe puede haber sido causada por una mariposa en Pekín que batió las alas. Es muy difícil modificar un huracán de categoría 5 (o un cáncer muy avanzado), pero los Guardianes de la Tierra saben que, desde el nivel del águila, podemos atravesar el tiempo y encontrar ese huracán cuando no es más que un susurro de brisa en el borde del ala de una mariposa —es decir, podemos arreglar esa tormenta antes incluso de que haya nacido—. Éste es el don de esta dimensión: no existe el tiempo, de modo que podemos cambiar las cosas antes de que sucedan. Podemos soñar un mundo y hacerlo realidad antes de que la energía adquiera una forma física.

USANDO DISTINTOS NIVELES DE PERCEPCIÓN

Aunque siempre podemos interactuar con los cuatro niveles de la percepción, generalmente nos quedamos atascados en el cuerpo físico, o, en el mejor de los casos, en la esfera de la psicología y de la mente. Creemos que podríamos superar nuestra infelicidad si sólo encontráramos una pareja adecuada, o que somos incapaces de mantener una dieta porque nuestros padres no supieron criarnos como se debe. Ocasionalmente podemos percibir las cosas desde el nivel del colibrí y escuchar la llamada de nuestro destino... pero luego la serpiente nos arrastra hacia atrás y creemos no tener el tiempo y el dinero suficientes, o pasamos al nivel del jaguar y comenzamos a dudar si somos lo suficientemente fuertes o inteligentes para seguir ese camino.

En el nivel del águila, nuestro poder para modificar la realidad se halla en su cenit. Sin embargo, hace falta valentía y práctica para alcanzar este elevado nivel de percepción y permanecer allí. Los jóvenes laikas que están estudiando para convertirse en chamanes aprenden a diagnosticar y curar desde el nivel del colibrí. No trabajan físicamente con el cuerpo ni psicológicamente con la mente; en lugar de eso, aprenden a trabajar con plumas, fuego y otras herramientas que los ayudan a cambiar la matriz del campo de energía luminosa de la persona. Pero los ancianos no necesitan usar ni abanicos de plumas ni hierbas —trabajan desde el nivel del águila, donde los objetos, los pensamientos y las imágenes visuales no son necesarios—. Ellos pueden curar sin mover ni un dedo, ya que su mera presencia es suficiente.

Podemos usar muchas técnicas en nuestras propias vidas para alcanzar la percepción del colibrí, incluyendo la meditación, la oración sin palabras, la música y el arte. O, en un nivel más superficial, podemos intentar vestirnos con colores alegres en un día gris para ayudarnos a salir de un estado de ánimo depresivo, y así animarnos un poco; o

podemos recitar plegarias, con la esperanza de que pro-
nunciar las palabras nos lleve a sentirlas de verdad. Sin
embargo, en el nivel del águila, no necesitaremos una cami-
sa amarillo brillante para sentirnos llenos de energía y entusiasmo con la llegada del nuevo día, por mucho que esté
cubierto y no haya parado de llover durante semanas. No
precisaremos las oraciones, porque podremos pasar al nivel
del colibrí y experimentar lo divino o ser uno con el
Espíritu en el nivel del águila. Este cambio de nivel se produce en nuestro interior.

PASANDO A UN NIVEL MÁS
ELEVADO DE PERCEPCIÓN

Cuando nos quedamos atascados en el nivel de percepción de la serpiente o del jaguar, pasamos mucho tiempo luchando con los problemas. Si un hombre tiene un
conflicto emocional con su mujer, por lo general intentará
resolver la crisis comprándole algún objeto que la haga sonreír de nuevo. Cuando los adolescentes se deprimen, van al
centro comercial o acuden a las drogas para olvidar su
dolor. Sin embargo, estas soluciones rápidas del nivel físico
nunca funcionan de verdad.

Cuando tu percepción pasa a un nivel superior, puedes
transformar los miles de problemas a los que te enfrentas
en el mundo físico y en el emocional. Puedes comprender
que lo que percibes como un problema en un determinado
nivel es realmente una oportunidad en el nivel superior. La
pérdida de un trabajo o el fin de una relación se convierte

en una oportunidad para reinventarte a ti mismo, mientras que una enfermedad te da la oportunidad no sólo de eliminar tus síntomas, sino también de experimentar una profunda transformación. Si estás enfermo, puedes actuar en los cuatro niveles de percepción: en el de la serpiente, te tratas con medicamentos; en el del jaguar, con psicología; en el del colibrí, con meditación o prácticas espirituales, y en el del águila, con la conciencia o con la sabiduría del Espíritu.

Pasar a un nivel más alto de percepción nos permite reconocer que la razón por la cual no construimos una presa que cause la extinción del pez flechero ni destruimos el hábitat de la lechuza moteada es porque éstos no son sólo representativos de algunos miles de animales sino de la propia naturaleza, una naturaleza que debemos cuidar y proteger. Entonces podemos comenzar a preguntarnos si la energía eléctrica que la presa va a producir y que va a servir para iluminar concesionarios de automóviles durante la noche es realmente importante. Y, desde el nivel del águila, podemos comprender la interconexión escondida de todas las cosas y percibir la naturaleza sincrónica de la realidad —reconocemos que no existen los accidentes y que todo encierra un propósito y un significado—. Una pérdida no es tan devastadora porque sabemos que es parte de un cierto contexto, de modo que cuando fallece un ser querido, comprendemos que no deja de existir, sino que Dios está simplemente buscando otra forma y expresión.

Los cuatro estados de percepción son útiles en ciertos momentos. Cuando, de excursión por un lugar aislado, te caes por un barranco, puedes acceder al nivel de la serpiente, dejar de lado tu miedo y usar los recursos del cerebro reptiliano para controlar el dolor de tu pierna rota. La serpiente (que es fría e indiferente y a menudo se la asocia a los hombres en nuestra cultura) te permite cuidar instintivamente de tu herida hasta que puedas volver al camino y encontrar a alguien que te ayude. En el nivel del jaguar (un nivel que asociamos a menudo a las mujeres porque es íntimo y emocional) puedes procesar tus sentimientos y experimentar miedo y vulnerabilidad.

Al pasar al nivel del colibrí, comienzas a tener una visión global: tomas conciencia de la conexión entre tu pierna rota y tus pesadas responsabilidades, y comprendes que para poder curarte vas a tener que estar dispuesto a dejar de controlar siempre las cosas. Y desde la perspectiva del águila, vas a poder proyectarte en el futuro y encontrar un desenlace mejor que el de morir solo en el bosque, eligiendo un destino en que alguien aparece para ayudarte. En el nivel del águila puedes reconocer que la curación que necesitas no implica sólo a tu cuerpo, sino también a tu alma, que anhela experimentar las lecciones que vino a aprender en esta tierra, incluyendo por qué te has lesionado en ese momento y lugar.

He visto cómo muchos alumnos abandonan el camino del Guardián de la Tierra apenas comienzan a sentirse física y emocionalmente mejor, porque han satisfecho sus necesidades en los niveles del jaguar y la serpiente. Sin embargo, si percibieran las cosas desde el nivel del colibrí, comprenderían que sentirse mejor es agradable, pero que evolucionar hasta desarrollar todo su potencial es mucho más importante. Y si las apreciaran con los ojos del águila, verían que al alcanzar todo su poder, podrán comenzar a soñar su mundo y hacerlo realidad, y que su propia curación está relacionada directamente con la curación de todo el planeta. Estos alumnos son como bellotas que comienzan a germinar y a brotar, y no es nada divertido apartar esos montículos de tierra para poder acceder a la luz.

Durante el transcurso de mi propio adiestramiento, hubo veces en que quise abandonar y tomarme las cosas con más calma. Quería continuar en el nivel del jaguar, donde ya no tuviera que preocuparme por desarrollar todo mi potencial. Pero comprendí que si lo hacía así, perdería la oportunidad de volar como un águila.

Otra ventaja de ser capaz de cambiar tu nivel de percepción es que si estás condenado a sufrir una enfermedad mortal porque está en los genes de tu familia, no tienes que afrontarla en el nivel físico, donde acabarías desarrollándola. En el nivel del colibrí, puedes evitarla al aprender las lecciones que ésta ha venido a enseñarte, y en el del águila, puedes limpiar las huellas en el campo de tu energía luminosa que te predisponen a desarrollar esta enfermedad. Si tienes un libro dentro de ti que has luchado por escribir durante diez años («la gran novela que contará la historia de mi lucha», por ejemplo), puedes trasladarlo del mundo del alma al reino literal, y hacerlo realidad en tu vida. O si te ves discutiendo con tu pareja en el nivel del jaguar y ambos creéis tener razón, puedes ir más allá de la culpa y percibir la situación como una oportunidad para profundizar la relación, en lugar de intentar demostrar que tienes razón y tu pareja está completamente equivocada.

Aunque es posible que nos sintamos atraídos por un determinado estado de percepción (por ejemplo, nos relacionamos con el mundo principalmente a través del jaguar y de nuestras emociones), con la práctica, podemos aprender a dominar los cuatro niveles. El próximo ejercicio te va a ayudar a desarrollar tu capacidad para cambiar tu percepción. Después de que lo realices algunas veces, descubrirás cómo los cuatro niveles son estados hacia los que gravitamos naturalmente, ya que se trata de formas de «sentir» cada uno de nuestros cuatro «subcerebros».

EJERCICIO: LAS CUATRO PERCEPCIONES DEL ROSTRO

Éste es un ejercicio de rastreo, en que buscarás pistas e información en cada uno de los cuatro niveles de percepción (puede realizarse solo o con otra persona). Siéntate frente a un espejo en una habitación oscura. Colócate a un metro y veinte centímetros del espejo, con una vela a tu lado. Respira profunda y lentamente mientras miras con suavidad tu ojo izquierdo, pero sin fijar la mirada. Cuenta cada inspiración hasta llegar a diez, y luego comienza de nuevo. Fíjate en el juego de luces y sombras sobre tu rostro, y mantente concentrado en tu ojo izquierdo.

En el nivel de la serpiente, observa cómo tu rostro es como siempre lo has visto. Todo es exactamente como parece. Éste es el rostro que has visto en el espejo miles de veces.

La segunda fase comienza un momento después —tu rostro empezará a cambiar a medida que tu percepción pase del nivel de la serpiente al del jaguar—. Es posible que te veas a ti mismo adoptando la forma de un animal o asumiendo la faz de otra persona, o que tu rostro desaparezca por completo con la excepción de los ojos. No te alarmes por lo que veas; en lugar de eso, sigue respirando de manera profunda y regular. Simplemente registra los muchos semblantes que aparezcan... Algunos de ellos pueden tener decenas de miles de años de antigüedad; otros pueden ser los rostros de vidas anteriores; es posible que otros pertenezcan a animales de poder (tus guías y aliados en la naturaleza), y otros pueden ser los de tus guías espirituales. Toma nota de todos los que aparezcan en este nivel.

Cuando llegues al nivel del colibrí, tu fisonomía dejará de cambiar y verás una única imagen. Observa cuidadosamente el rostro que aparezca porque posee un significado y un mensaje que son importantes para ti en este momento. Estabiliza esta imagen en tu mente concentrándote en tu respiración, y deja que te revele su historia. ¿De quién se trata? ¿De dónde vino? ¿Qué mensajes tiene para ti? El campo de energía luminosa contiene los recuerdos de todos nuestros yoes anteriores. A menudo estos rostros parecen pertenecer a una vida anterior, pero con frecuencia son los semblantes de quien hemos sido en el pasado o de quien podríamos haber llegado a ser en *esta* vida.

En el cuarto estado, todas las imágenes desaparecen, incluso la de tu propia cara. Cuando llegas al nivel del águila, todas las formas se disuelven en la matriz universal de energía, y lo único que queda es Espíritu y luz.

Para terminar la sesión, respira profundamente tres veces para volver a la conciencia ordinaria.

Una vez realicé este ejercicio con un cliente al que se le había diagnosticado una enfermedad mortal. Nos sentamos y nos miramos suavemente a los ojos. En un comienzo, no veíamos más que los ojos del otro. Luego, cuando accedí a la percepción del jaguar, su faz comenzó a cambiar: primero empezó a parecerse a un anciano, luego a un joven, y más tarde a una vieja india de pelo largo y sedoso. Éstos pueden haber sido los rostros que tenía en vidas anteriores o los de historias que vivían en su interior. Sin embargo, yo estaba buscando uno en especial —el de mi cliente en el futuro, después de haberse curado de su enfermedad.

Cuando lo encontré, modifiqué mi estado de percepción y pasé al nivel del colibrí, de modo que las facciones dejasen de cambiar. Éste era el rostro que quería para él: el de sí mismo, curado. Nos habíamos concentrado en encontrar ese rostro, y ahora que yo lo había conseguido, sabía que teníamos que insertarlo en el destino de mi cliente para que se convirtiese en la persona sana que ese semblante representaba. Luego accedí al nivel del águila y disolví esa expresión de modo que no quedara nada sino luz. En mi corazón, me dije a mí mismo: «Hágase tu voluntad», para que prevaleciese la voluntad del Espíritu y no la mía. (Obviamente, necesitarás algo de práctica para dominar el arte de acceder a niveles más altos de percepción, pero no te preocupes, puedes hacerlo.)

Le pedí a mi cliente que siguiese por su cuenta con esta práctica del espejo para atraer su atención hacia su yo curado e insertar firmemente ese rostro en su futuro. Unos meses después, experimentó una remisión completa.

En el próximo capítulo aprenderás más detalles sobre tu anatomía energética, incluyendo el campo de energía luminosa y los chakras, y cómo todo esto se relaciona con los cuatro niveles de percepción y las cuatro revelaciones.

TU ANATOMÍA ENERGÉTICA

La mayoría de nosotros sabemos algo sobre el funcionamiento de nuestros cuerpos físicos, y es posible que comprendamos cómo nuestros pensamientos y emociones pueden afectarnos, y viceversa. Sin embargo, para acceder a los niveles superiores de percepción que nos permitirán soñar nuestro mundo de una manera distinta, necesitamos aprender más aspectos sobre la anatomía del alma y del espíritu. Precisamos comprender cómo nuestras emociones, nuestras creencias y las lentes de colores a través de las cuales percibimos la realidad están contenidas en el campo de energía luminosa (CEL), el aura de energía y luz que nos rodea a cada uno de nosotros.

El CEL es la matriz de nuestra vida, y contiene las crónicas de nuestro dolor y sufrimiento, así como los caminos que llevan a nuestra curación. De hecho, pudimos enseñarles a nuestros alumnos de la escuela Healing the Light Body (Curar el cuerpo luminoso) a leer las historias que están inscritas en el CEL de un cliente, así como a descifrar los trastornos físicos y emocionales que lo afligen.

Imagina que te rodea una burbuja de luz del ancho de tus brazos extendidos. Corrientes de energía circulan continuamente a través de tu CEL, ya que éste contiene los meridianos de la acupuntura y los chakras (que explicaré dentro de un momento). Atravesando el centro de esta esfera pulsante hay un estrecho agujero en forma de tubo, de un ancho inferior al de una molécula, que hace que el campo de energía luminosa se parezca a una gran cuenta de collar ovalada (o, como se la llama en geometría, un torus).

Cuando uno muere, el CEL atraviesa este estrecho túnel y regresa al mundo de los espíritus, como un dónut que cruza su propio agujero. Éste es el oscuro pasadizo que

Los nueve chakras

las personas que han tenido una experiencia cercana a la muerte afirman haber traspasado. Podemos aprender a acceder a los niveles más elevados de la percepción al trabajar con nuestro CEL y sus estructuras: los chakras y el punto de encaje.

Nuestro cuerpo tiene nueve chakras, o centros de energía, alineados a lo largo de la columna vertebral. Mientras las tradiciones orientales reconocen siete, los laikas admiten un octavo chakra, que es como un sol radiante situado sobre la cabeza, fuera del cuerpo físico pero dentro del CEL. (En Occidente, a este octavo chakra lo llamamos «el alma».) El noveno se halla por encima del octavo, situado fuera del tiempo en el centro del cosmos, y conectándonos con la totalidad de la vida. El noveno chakra es el Espíritu.

Cada chakra es un vórtice de luz giratoria que se extiende algunos centímetros hacia fuera de tu cuerpo, que gira en el sentido de las agujas del reloj, y que está conectado con nuestra columna y nuestras glándulas endocrinas. Nuestros chakras afectan directamente a nuestra neurofisiología al descargar información proveniente del CEL en nuestro sistema nervioso central. Como también están conectados con nuestras glándulas, afectan a nuestros niveles hormonales, influenciando nuestros estados de ánimo, nuestro peso, nuestra química sanguínea y nuestro sistema inmunológico.

Los chakras son puertas de acceso a través de las cuales tu cerebro y tu sistema nervioso pueden interactuar con los cuatro niveles de la creación manifiesta. A través del primer chakra, accedes al nivel de la serpiente —las densas energías físicas y biológicas—. El segundo te permite alcanzar el nivel del jaguar —emociones como la ira y el miedo, así como los más refinados sentimientos de amor y compasión—. El sexto te habilita para lograr el nivel del colibrí —las energías divinas que se encuentran en los lugares sagrados o a las que se puede acceder mediante la meditación, la oración y las experiencias místicas—. El noveno te permite llegar al nivel del águila —la fuente indefinible de toda la creación, donde puedes soñar un mundo y hacerlo realidad.

Veamos brevemente cada uno de estos centros de energía.

❖ El **primer chakra** está situado en la base de la columna, cerca del cóccix, y nos conecta a la Madre Tierra. Es donde se localizan energéticamente nuestros instintos primitivos, y se asocia al estado perceptivo de la serpiente. (En muchas tradiciones orientales, se dice que la energía serpentina del *kundalini* reside en este chakra.) Cuando desbloqueamos este nuestro primer centro de energía, superamos el miedo a la escasez y nos abrimos más a la abundancia que nos rodea.

❖ El **segundo chakra** se encuentra cuatro dedos por debajo del ombligo, y es la sede de nuestras pasiones. Éste es el lugar donde residen energéticamente nuestros sentimientos y emociones, al igual que nuestra autoestima y nuestra sensación de ser queridos o no por los demás. Nuestra rabia obstruye este chakra, y también lo hace nuestro miedo a estar física o emocionalmente en peligro. Cuando lo desbloqueamos, nos abrimos a la creatividad y a la intimidad romántica. Este chakra está asociado con el estado perceptivo del jaguar, y relacionado con nuestras glándulas suprarrenales y la respuesta de lucha o huida.

❖ El **tercer chakra** está situado en el plexo solar, asociado con el nivel de energía física del cuerpo. Desbloquearlo nos permite tener éxito en el mundo y tener buenas relaciones con los demás, así como saber bien quiénes somos y cómo queremos expresarnos.

❖ El **cuarto chakra** se halla en el centro del pecho, y está asociado con el corazón. Es donde experimentamos el amor hacia todos los seres vivos, hacia las rocas y cascadas, hacia los desiertos y los océanos. El chakra del corazón está en el centro de nuestro sistema de energía física, ya que existen tres chakras por encima de él y tres por debajo. Cuando desbloqueamos esta zona, nos libramos de la egolatría y alcanzamos una mayor capacidad para la intimidad.

❖ El **quinto chakra** se extiende a partir del hueco de la garganta, y es nuestro centro psíquico. Cuando esta zona se bloquea, no vemos más allá de nuestro propio grupo o tribu ni de nuestras propias opiniones. Sin embargo, cuando la desbloqueamos, reconocemos nuestra conexión con los demás, nos convertimos en mejores comunicadores, y nos abrimos a la posibilidad de aprender cosas de las personas con las que no estamos de acuerdo.

❖ El **sexto chakra** (o «tercer ojo») está situado en medio de la frente. Es donde experimentamos nuestra relación con todas las cosas y personas, además de la conciencia de que somos seres eternos. Este chakra es la sede interior de la divinidad, y está asociado con el estado de percepción del colibrí. Cuando se encuentra bloqueado, podemos volvernos espiritualmente arrogantes y conocer ciertos hechos sobre lo sagrado, pero sin practicarlos.

❖ Situado en lo más alto de la cabeza, el **séptimo chakra** es nuestra puerta hacia el cielo, nuestra conexión con las estrellas. Desbloquear este centro de energía nos permite experimentar el tiempo como un fenómeno no lineal, y liberarnos de las leyes de causa y efecto. Cuando el séptimo chakra está bloqueado, creemos erróneamente que hemos logrado la iluminación, sin comprender que aún nos queda mucho por recorrer antes de alcanzar ese estado libre de ego.

❖ El **octavo chakra**, que se halla algunos centímetros por encima de nuestras cabezas, es donde experimentamos una unión con toda la creación y con su Creador. Cuando este centro de energía se encuentra bloqueado, podemos vernos atrapados entre el Espíritu y la materia, viviendo parcialmente en nuestros cuerpos, y sintiéndonos disociados y desconectados de todo. Este chakra corresponde al alma —grabados en sus muros están las huellas del trauma que acarreamos de una vida a otra y que han ayudado a seleccionar los padres que nos han engendrado—. Estas huellas nos predisponen a vivir, aprender, envejecer y morir de una cierta forma, y están reflejadas en las huellas de nuestro CEL.

❖ Finalmente, el **noveno chakra**, que existe fuera del tiempo y del espacio, y que siempre es cristalino y puro, es donde experimentamos la magnífica infinitud de la creación. Aquí es donde residimos dentro de Dios. Para alcanzar este lugar, ascendemos por la cuerda plateada de luz que se eleva desde el octavo chakra. El noveno chakra reside en el corazón del universo, y es el Espíritu. Sólo hay un único noveno chakra, porque todos somos uno en el Espíritu, y está asociado al estado perceptivo del águila.

Para seguir las prácticas de las cuatro revelaciones, es importante comenzar por limpiar la energía negativa o «desechos psíquicos» que obstruyen nuestros chakras, para que así dejemos de proyectar nuestros yoes heridos sobre el mundo y confundamos esto con la realidad. Esto es importante para todos los chakras, pero sobre todo para el primero, donde está localizada la percepción de la serpiente; para el segundo, donde vive el jaguar, y para el sexto, el mítico tercer ojo, donde reside el colibrí. Limpiar tus centros de energía hará que éstos puedan proporcionar nuevas informaciones a tu cuerpo y a tu sistema nervioso. Y a medida que limpies los primeros siete chakras, el octavo se irá purificando gradualmente, borrando las huellas de karma, trauma y enfermedad que te impulsan de una vida a la siguiente. (El noveno chakra nunca puede obstruirse, ya que es el propio Espíritu.)

Desbloquear los chakras es como limpiar las lentes de la percepción que te permiten ver los cuatro niveles de la creación e interactuar con ellos. Cuando tus chakras están obstruidos, permaneces atrapado en el mundo físico y mental, las dimensiones más elementales de la experiencia. En el siguiente ejercicio, aprenderás a limpiar los desechos psíquicos que se han depositado en tus centros de energía.

EJERCICIO: DESBLOQUEAR LOS CHAKRAS

Busca un sitio tranquilo. (Recomiendo hacer este ejercicio mientras uno está cómodamente echado en su cama.) Cierra los ojos y respira profunda y concentradamente algunas veces. Deja que tus pensamientos floten frente a ti, sin prestarles atención, mientras continúas inspirando y espirando.

Junta las manos en posición de plegaria sobre el pecho, con las puntas de los dedos tocándose entre sí. Inspira profundamente... y espira. Inspira... y espira. Respira intensamente varias veces.

Separa las manos, agítalas vigorosamente y luego vuelve a colocarlas en posición de plegaria. Siente la energía que corre entre las puntas de tus dedos —luego desune las manos muy lentamente, manteniendo esta sensación—. Con los ojos cerrados, intenta ver si puedes percibir los hilos de luz entre las puntas de tus dedos, creando una sensación de cosquilleo o de calor.

Pasa la mano derecha por tu primer chakra, por su amplia boca a cinco centímetros de tu piel. Siente su energía girando en el sentido de las agujas del reloj. (Algunas personas dicen que se siente como si fuera algodón de azúcar; otros lo experimentan como un leve cosquilleo.) Ahora comienza a «desenrollar» este chakra girando diez veces las manos en el sentido contrario a las agujas del reloj, imaginando que tu cuerpo es la esfera del reloj y que tus dedos son las manecillas. Explora el interior de este túnel de luz con las puntas de los dedos, sintiendo su energía y percibiendo si es frío o caliente, cosquilleante o pegajoso. Siente el flujo de energía tóxica que surge de tu chakra hacia la tierra a medida que lo «limpias». Ahora haz que tu primer centro de energía retome su dirección normal de giro haciendo que tu mano dé diez vueltas en el sentido de las agujas del reloj.

Como cada chakra está asociado a determinados sentimientos, cuando los desbloquees es posible que notes que ciertas emociones o recuerdos surgen espontáneamente. Deja que estas sensaciones fluyan a través de ti *sin analizarlas*. Estás realizando este trabajo desde el nivel del águila, de modo que no te distraigas con historias psicológicas o con explicaciones para estos sentimientos. Por ejemplo, el segundo chakra controla la respuesta de lucha o huida, y cuando lo desbloqueas, es posible que recuerdes la última vez que te sentiste asustado o estuviste en peligro, o puede que vuelvas a experimentar estos sentimientos. Si esto ocurre, deja que las sensaciones fluyan a través de ti como una suave brisa. Desaparecerán por sí solas después de que hayas hecho algunas respiraciones lentas y profundas. (Por favor, ten en cuenta que es posible que no tengas ninguna sensación mientras realizas este ejercicio. Si es así, no te preocupes: el ejercicio es eficaz y poderoso aunque no sientas nada.)

Repite esta acción de «desenrollamiento» con cada uno de los siete chakras para limpiarlos de cualquier desecho psíquico, y no olvides luego volver a enrollarlos. Ahora imagina que estás flotando varios centímetros por encima de tu cuerpo físico. Después de algunos minutos, cruza las manos sobre el pecho y haz tres respiraciones profundas. Vuelve a tomar plena posesión de tu cuerpo. Agita las manos vigorosamente y estrújalas una contra la otra. Frótate el rostro con ellas y abre los ojos.

* ❖ Nivel intermedio: después de que hayas realizado este ejercicio algunas veces y puedas sentir tu ser luminoso flotando por encima de tu cuerpo físico, dirige tu conciencia hacia tu octavo chakra y deja que descanse en este espacio donde la divinidad reside dentro de ti. Explora la inmensidad de esta dimensión, e intenta recordar lo que eras antes de nacer y lo que serás después de morir. Recuerda que este chakra existe fuera del tiempo, y en él puedes recordar acontecimientos que sucedieron en el pasado y que tendrán lugar en el futuro.
* ❖ Nivel avanzado: después de que domines la técnica anterior, vuelve a realizar el ejercicio, pero esta vez dirige tu conciencia hacia tu noveno chakra. Siente cómo te disuelves y te haces uno con el Espíritu y con la inmensidad de la creación.

A este centro lo llamamos chakra a falta de un nombre mejor. En realidad, se trata de la sede del Espíritu, que se encuentra en todas partes, en la creación manifiesta y no manifiesta.

EL PUNTO DE ENCAJE

El punto de encaje es una estructura energética dentro del CEL donde decodificamos todas nuestras experiencias suprasensoriales, desde el *déjà vu* y la precognición hasta el éxtasis y el amor, desde las corazonadas sobre alguien o algo hasta el hecho de saber que el teléfono va a sonar justo antes de que lo haga. Es el equivalente luminoso de nuestro cerebro físico (y de aproximadamente el mismo tamaño, pero con forma de esfera), y es aquí donde absorbemos la información que nuestros sentidos ordinarios no pueden captar. Así pues, mientras que nuestra mano puede detectar el tacto de la persona amada pero no sentir el amor transmitido por ese contacto, el punto de encaje *puede* interpretar el significado de ese roce, y construye una imagen interna de nuestra realidad psicológica y espiritual.

Para comprender cómo funciona nuestro punto de encaje, podemos compararlo a la manera en que procesamos la información visual. Los ojos reciben fotones de luz proyectados por el mar y la arena. Estos impulsos eléctricos viajan a través del nervio óptico hasta el córtex visual en el cerebro, que crea una imagen en nuestra cabeza. A esta imagen la llamamos «playa» y la proyectamos sobre el paisaje externo, pero toda la visión se produce realmente dentro del cerebro.

De modo similar, nuestro punto de encaje decodifica la información recibida a través de nuestros chakras y «lee» el mundo de energía y emociones que nos rodea. A esta imagen la llamamos «realidad» y la proyectamos sobre nuestro entorno y sobre la gente que entra en contacto con nosotros. Pero los laikas comprenden que toda la realidad sólo existe dentro de nosotros.

El punto de encaje está situado dentro del CEL (su localización exacta varía de persona a persona) —al igual que existen centros en el cerebro que procesan la información proveniente de nuestros sentidos, este torus del tamaño de un pomelo procesa la información psíquica y emocional—. En nuestro punto de encaje tenemos filtros para nuestra realidad que están basados en nuestra cultura, género, edad, etcétera. En Occidente, por ejemplo, vemos el color rojo y pensamos *¡peligro!, ¡cuidado!* o *excitación y rebeldía*, y nos ponemos más alertas. Sin embargo, en Oriente es percibido como un color de suerte que trae alegría y felicidad.

Nuestro punto de encaje está afinado para interpretar ciertas valencias y frecuencias determinadas principalmente por nuestras experiencias vitales. Por ejemplo, si vivimos en una ciudad y viajamos a la jungla, aunque nuestros oídos tienen los mismos mecanismos estructurales que los de los nativos, simplemente no tendremos la misma sensibilidad que ellos para oír ciertos sonidos de pájaros que nos alertan sobre la presencia de serpientes. Los que habitamos en grandes ciudades estamos tan acostumbrados a escuchar ruidosos sonidos a poca distancia que hemos perdido el hábito de percibir los lejanos —es casi como si fuéramos cortos de oído—. Los neurocientíficos creen que estas capacidades para el reconocimiento de pautas están inscritas en las vías de nuestro cerebro. Pero, para los laikas, el cerebro no es más que el *hardware*; el *software* que lo controla está programado en el punto de encaje, dentro del campo de energía luminosa.

Si viviésemos en perfecta comunión con la naturaleza, nuestro punto de encaje estaría situado sobre el octavo chakra, entre quince y veinte centímetros por encima de nuestra cabeza, en una posición que yo llamo «puente». Cuando nuestro punto de encaje está en «puente», todos nuestros instintos son recalibrados a su posición original. Desde el puente, podemos mover nuestro punto de encaje al segundo chakra para percibir con los sentidos del jaguar y reajustar los instintos de ese chakra —por ejemplo, ya no nos involucraremos con la gente equivocada sólo porque nos sentimos atraídos hacia los que están heridos igual que nosotros—. Podemos mover nuestro punto de encaje para sentir las cosas desde el nivel de la serpiente cuando sea conveniente, pero no nos quedaremos atascados en él, incapaces de reflexionar con más profundidad sobre nuestras elecciones. Sea cual sea el nivel en que estemos operando, no dejaremos que nuestra visión y nuestros sentidos se nublen.

Como no vivimos en la naturaleza, y también necesitamos funcionar bien en un mundo muy disfuncional, nuestro punto de encaje acaba sesgado hacia una sola dirección. En Occidente, tiende a situarse a un lado de la cabeza porque somos seres muy racionales y controlados por el pensamiento. Nos sentimos atraídos hacia otros que tengan un punto de encaje similar en valencia y posición, porque sentimos una sincronía con ellos. Generalmente consideramos que las personas con puntos de encaje muy distintos de los nuestros son extrañas o tontas, y puede que incluso pensemos que son estúpidas porque no pueden percibir lo mismo que nosotros, o raras porque captan cosas que nosotros no podemos. No nos damos cuenta de que nuestras percepciones están limitadas por nuestras creencias y experiencias vitales. Al igual que esos ciegos que examinaron un elefante en aquella vieja historia, uno de nosotros siente la cola y concluye que la criatura es como una cuerda, otro siente un colmillo e insiste en que es una especie de espada, mientras que el tercero abraza una de las piernas de la bestia y asegura que el elefante es como un árbol. Para cada uno de ellos, la limitada realidad que percibe parece ser la única.

Tu punto de encaje generalmente permanece en la misma posición a lo largo de tu vida —un lugar al que llamo la posición de «acceso» porque a partir de ahí accedes a tu realidad ordinaria—. Pero puedes aprender a moverlo y alterar tus percepciones, y así cambiar tu percepción de la realidad. En el ejercicio que sigue, aprenderás a localizar tu punto de encaje y moverlo, primero a la posición de puente y luego a la de cada uno de los cuatro chakras asociados con los cuatro niveles de percepción.

Una vez muevas tu punto de encaje a la posición de puente, podrás acceder a cualquiera de los otros cuatro niveles de percepción. De hecho, la única forma de cambiar de nivel es pasando por el puente (por eso lo llamamos así). Es útil imaginar éste como el centro de una rueda, y los cuatro niveles de percepción como los cuatro puntos cardinales (norte, sur, este y oeste). También lo puedes imaginar como la posición neutra del cambio de velocidades de un coche.

Al final del ejercicio, devolverás el punto de encaje a la posición de acceso, su ubicación original. Si lo dejaras en la posición puente, experimentarías un estado extático, pero no podrías responder muy bien a estímulos externos, como el perro que está ladrando para salir o el sonido del teléfono. Aunque es excelente meditar en la posición puente o permanecer en ella durante algún tiempo y residir en el espacio de tu alma, se trata de un estado poco práctico en el que pasar largos períodos... a menos que te encuentres en un monasterio y no necesites sacar el perro a pasear ni comunicarte con el mundo.

El propósito de este ejercicio consiste en aprender a pasar con más facilidad de un nivel a otro. Requerirá práctica —pero cuando domines esta técnica, podrás cambiar el estado energético de cualquier situación en la que te encuentres y resolver los problemas desde un nivel más elevado—. La paradoja es que sólo podrás cambiar el mundo cuando comprendas que es perfecto exactamente como es *para ese nivel*. Ésta es la comprensión que alcanzas cuando percibes un problema desde un nivel superior al que lo ha creado. Desde este nivel, únicamente verás posibilidades y tendrás la libertad para cambiar cualquier cosa.

EJERCICIO: MOVER TU PUNTO DE ENCAJE

Busca un lugar tranquilo y confortable donde te puedas sentar y no seas interrumpido. Desconecta el teléfono, acomódate en una silla o encuentra una posición cómoda en el sofá. Deja de aferrarte a los pensamientos que circulan por tu mente. Inspira de manera profunda y espira. Inspira lentamente de nuevo, concentrándose en tu respiración... y espira otra vez.

Coloca ambas manos en posición de plegaria en el centro del pecho. Respira lentamente algunas veces y luego levanta las manos juntas hacia arriba, por encima de la cabeza, llevándolas lo más alto que puedas hasta entrar en el octavo chakra, un disco dorado de energía que flota varios centímetros por encima de tu cabeza y dentro de tu CEL. Este chakra es el alma; existe fuera del tiempo y es eterno.

Separa los brazos y extiéndelos hacia fuera, con las palmas de las manos orientadas en direcciones opuestas, como un pavo real desplegando la cola. Intenta expandir tu octavo chakra de modo que envuelva todo tu cuerpo. Al hacer esto, estarás expandiendo tu CEL desde su estado contraído y encapsulado, y extendiendo tu luz para formar una burbuja en torno a ti.

Sigue respirando lentamente mientras vuelves a colocar las manos en posición de plegaria sobre el pecho; luego extiende los brazos para expandir tu campo de energía luminosa hacia los lados. Repite este movimiento a la altura de tu barriga, de tu pecho, de tu pelvis, expandiendo tu CEL con la imaginación y las manos. Toma conciencia de esta burbuja de luz que te rodea, pulsando a medida que extrae energía del suelo y la inyecta en tus piernas, columna, pecho, brazos y cabeza. Siente la energía bajando desde lo alto de tu cabeza, de vuelta al suelo, y subiendo de nuevo a través de tus pies.

Usando las manos, explora el interior de tu CEL hasta detectar un punto que te produzca una sensación distinta —un cosquilleo o una impresión de más calor o de más frío que en el resto de tu campo de energía—. Recuerda que tu punto de encaje estará localizado probablemente cerca de la cabeza, a un lado o a otro, y lo sentirás como una pelota del tamaño de un pomelo. Cuando lo encuentres, sube la otra mano y siente su forma esférica (usa tu imaginación). ¿Qué sensaciones experimentarás al tener en las manos el punto de encaje? Como indican a veces mis alumnos, puede que sientas una inesperada alegría, o incluso náuseas o desorientación. Esto no es infrecuente, ya que estás a punto de cambiar la forma en que percibes el mundo. (Otros alumnos no han sentido nada, y simplemente han imaginado cómo sería tener en las manos esta esfera de energía. Si éste es tu caso, no hay ningún problema.)

Ahora mueve tu punto de encaje llevando tus manos hasta el octavo chakra, exactamente por encima de la cabeza, en la posición puente. Respira profundamente algunas veces, manteniendo tu punto de encaje en su estado natural, y advierte las sensaciones de tu cuerpo; por ejemplo, no es raro experimentar sentimientos de paz y comunión en esta posición. Les suelo recomendar a los alumnos que tienen dificultades para meditar que intenten hacerlo después de haber movido su punto de encaje a la posición puente, un lugar en que la contemplación y la meditación suceden naturalmente. En esta posición, la mente se aquieta, y una hora transcurre en lo que parecen ser cinco minutos.

El 8° chakra

Punto de encaje en
posición «puente»

Punto de encaje en
posición «acceso»

Continúa respirando lenta y profundamente, y suelta tu punto de encaje. Advierte si permanece en tu octavo chakra o si regresa a su posición habitual (acceso). (Ten en cuenta que necesitarás varios intentos antes de que puedas dominar la técnica de mantenerlo en la posición puente.) Después, bájalo hasta tu primer chakra, el reino de la serpiente, que está situado en la base de la columna, cerca del cóccix. Este vórtice de energía se abre hacia fuera, extendiéndose algunos centímetros más allá de tu cuerpo. Mantén ahí tu punto de encaje. Como la serpiente está localizada en tu primer chakra, se trata de un estado muy primordial, muy instintivo —toma conciencia de cómo cambia tu respiración, y lo fácilmente que puedes entrar en sintonía con tu frecuencia cardíaca, las sensaciones de tu piel y tu fisiología.

Cuando te encuentres listo, devuelve tu punto de encaje a la posición puente. Descansa ahí brevemente. Inspira profunda y lentamente, y luego espira. Ahora lleva tu punto de encaje hasta tu segundo chakra, el vórtice de energía situado debajo del ombligo. Permanece ahí, experimentando el nivel sensorial del jaguar. Como la percepción del gato está situada en tu segundo chakra, pueden surgir emociones e incluso sentimientos sexuales. Toma conciencia de qué emociones residen ahí, y de lo fácilmente que puedes sentir rabia, excitación o miedo, así como bondad, generosidad y pasión. Continúa respirando lenta y profundamente, y devuelve tu punto de encaje a la posición de puente.

Mueve lentamente tu punto de encaje hasta el sexto chakra, en medio de la frente, el reino del colibrí. Descansa en este nivel de percepción, consciente de los muchos caminos por los que la vida te ha llevado. Aquí puedes observar cómo todo lo que te ha sucedido, bueno o malo, ha tenido un significado y un propósito. Como el sexto chakra es el reino de la visión interior, es posible que tengas una sensación de quietud, similar a la de un colibrí flotando en el aire. En este estado de percepción, las experiencias telepáticas son frecuentes, y un Guardián de la Tierra puede presentir lo que un ser amado está haciendo o cómo se está sintiendo, incluso a una distancia de cientos de kilómetros.

Cuando estés listo, devuelve tu punto de encaje de vuelta a la posición puente. Respira profundamente algunas veces... y luego traslada tu punto de encaje al noveno chakra, situado por encima de la cabeza y fuera de tu campo de energía luminosa, el reino del Espíritu y del águila. Experimenta la extática conexión con todas las cosas: con los ríos y los árboles, con la gente que vive hoy en día y con tus antepasados, con la lluvia y el viento, con las estrellas y el sol. Siente tu unidad con la divinidad y con toda la creación, más allá de los límites del tiempo y del espacio.

Cuando estés listo, devuelve tu punto de encaje a la posición puente. Respira profundamente, y luego llévalo de nuevo a la posición acceso. Ahí, reingresas en tu realidad cotidiana y vuelves a funcionar normalmente en este mundo. Termina el ejercicio volviendo a colocar las manos en la posición de plegaria durante tres respiraciones profundas.

Cuando domines el arte de desplazar tu punto de encaje, podrás intervenir en otros niveles de realidad para curarte a ti mismo o para recuperar la extraordinaria creatividad que tenías cuando eras joven. Una vez trabajé con niños en un programa de preparación para el comienzo del año preescolar, antes de que se acostumbraran a las reglas de la escuela, y le pedí a cada uno de ellos que dibujara una casa. Sus dibujos eran de una naturaleza realmente fantástica—casas que flotaban en el aire, entrelazadas con las raíces de un árbol o navegando sobre ríos—. Pero hacia el final del año, estos niños y niñas habían aprendido las reglas de la percepción ordinaria, y pasaron a creer que una casa «como Dios manda» estaba formada por un gran cuadrado con pequeñas ventanas cuadradas y un tejado angular coronado por una pequeña chimenea rectangular de la que salía una columna de humo. Incluso los niños que vivían en grandes edificios de apartamentos dibujaban casas así porque habían aprendido los filtros perceptivos de su cultura. Inconscientemente, estaban entrando en el mismo trance cultural en que todos hemos sido educados. Se habían convertido en ciudadanos del aburrido y plano mundo de la realidad ordinaria.

Cuando nuestro punto de encaje se ajusta en su sitio y sintoniza las otras frecuencias de la realidad, lo llamamos «madurez». En otras palabras, ya no vemos hadas jugando en el arroyo o monstruos debajo de la cama —en lugar de eso, vemos problemas y no oportunidades—. Por esta razón, alguien que trabaje en la publicidad, un sector que exige un alto nivel de creatividad, llenará su oficina o cubículo con juguetes, pelotas de espuma y canastas de baloncesto, y usará estos elementos para volver a entrar en contacto con el niño creativo que fue, en lugar de con el adulto lógico y razonable en que se ha convertido.

Desplazar el punto de encaje hasta cada uno de los cuatro estados perceptivos nos permite salirnos de la perspectiva plana de la realidad y abrirnos a una gama infinita de posibilidades. Y cuando accedamos al estado del águila, podremos resolver los problemas en el momento en que nacen, y contemplar las cosas con los ojos que han visto el nacimiento y la muerte de las galaxias.

Tuve la oportunidad de experimentar esto en mi propia vida. Mi maestro laika, don Antonio, solía decirme que yo era el decorador interior de mi propia psique. Una vez que viajábamos a un lago alimentado por el río Amazonas, me explicó que yo era como ese lago —me veía a mí mismo como algo separado del gran río de la vida, y reunía madera flotante y restos de naufragios para construir palacios de ensueño en las orillas de mi lago—. Estaba intentando enseñarme que me encontraba atrapado en el nivel de la serpiente, tratando de cambiar el mundo en su grado más denso y material, y que esto absorbía el 95% de mi energía. Cuando mis castillos se derrumbaban, me llevaba la madera al otro extremo de la playa y comenzaba a construirlos otra vez, iniciando una nueva relación, un nuevo proyecto o incluso una nueva carrera, todo lo cual suponía muchos meses de esfuerzo.

Don Antonio me decía: «Yo podría poner la mano en la fuente de este río y crear una ola que cambiaría los contornos de la orilla río abajo. O, si te has caído de tu canoa, esa corriente podría empujarte hasta la costa y salvar tu vida. Podría crear esta poderosa ola con una mínima cantidad de mi energía».

Operar en el nivel literal para construir lo que yo pensaba que iba a ser una vida plena y feliz requería enormes cantidades de energía y atención. Mi maestro estaba intentando enseñarme que necesitaba ir río arriba y, desde el nivel de percepción del águila, afectar al flujo del río que alimentaba mi lago y que producía las inundaciones que destruían mis castillos. La única manera de hacer esto era elevar mi nivel de percepción.

Además de aprender los estados de percepción, tuve que dominar las prácticas de cada una de las cuatro revelaciones. Sólo entonces dejé de intentar construir una vida únicamente con el empleo, las relaciones personales y los proyectos adecuados, como si existiera una simple ecuación matemática para la felicidad. En lugar de eso, aprendí a operar desde una perspectiva más elevada y abrirme a una definición más amplia de la felicidad y del éxito. Entonces descubrí el poder para crear una historia distinta para mí mismo y el mundo. Sólo entonces pude crear un sueño nuevo y mejor. Sólo entonces pude desprenderme de las historias que me contaba continuamente a mí mismo... de esas que me mantenían atrapado en una existencia limitada.

Ya es hora de pasar a la segunda parte de este libro y comenzar a conocer detalladamente cada una de las cuatro revelaciones. En el próximo capítulo, explicaré cómo vamos por la vida sin saber que seguimos viejos y anestesiantes guiones, y que podemos mudar nuestra piel de serpiente y renacer a una forma más creativa de vivir.

LAS CUATRO REVELACIONES

EL CAMINO DEL HÉROE

Ser un héroe significa que eres el autor de tu propio mito.

La primera revelación es el camino del héroe porque cuando sigues sus cuatro prácticas, conviertes tus heridas en una fuente de poder. Por mucho que hayas sido herido emocionalmente, cuando te trazas el camino del héroe, los traumas que hayas experimentado pueden ayudarte de hecho a encontrar tu fuerza y tu compasión.

Puedes lograr esto desprendiéndote de las historias de tu pasado, como una serpiente que muda su piel. Así dejarás de ser una víctima de lo que te ha sucedido y tendrás el poder para escribir tu propio relato de fuerza, curación y belleza. Ya no tendrás por qué ser el artista incomprendido, el rudo rebelde con el corazón de oro, el inocente que ha sido traicionado o el hijo del padre abusivo.

La primera revelación te muestra que éstos no son más que personajes que has creado para explicar lo que te ha sucedido. Tus historias personales no son más que cuentos que te has inventado; no representan tu verdadera identidad. El sufrimiento se produce cuando crees que son verdad —hayas sido tú el que ha creado estas historias o haya sido otra persona, tú las tomas por la realidad—. Los personajes de tu relato se convierten entonces en hambrientos fantasmas que se presentan a tu mesa y se alimentan de tus sobras.

Puede que trates de comprender a estos fantasmas y negocies con ellos porque crees que son genuinos. Pero sus quejas, exigencias y sed de atención son infinitas: la sombra de tu padre flota sobre ti, en busca de perdón o retribución, la imagen de tus hijos te dice que deberías haberlos educado de otra manera y el espectro de tu juventud te persigue, culpándote por haberla desperdiciado. Te ves bombardeado por las estridentes voces de todos los que has perjudicado o de todos los te han perjudicado a ti... y estas voces nunca se callan.

De hecho, si alimentamos estos fantasmas hambrientos, nos chuparán toda la fuerza vital. (Después de todo, ¿cuántas personas de cincuenta y tantos años conoces que aún estén forcejeando con el recuerdo de una madre neurótica o de un padre distante?) Podemos darnos una palmada en la espalda por haber sobrevivido a una infancia difícil o podemos racionalizar nuestras pautas de comportamiento echándole la culpa al racismo o a la discriminación que sufrimos, a cómo nuestros padres nos descuidaron o a cualquier otra razón lógica que explique por qué actuamos como lo hacemos. Mientras nos aferremos a la creencia de que estas historias son reales, seguiremos atrapados, alimentando continuamente a los hambrientos fantasmas en un deprimente proceso que simula, y sin embargo impide, la verdadera curación.

Demasiado a menudo trabajamos horas extras para satisfacer las exigencias de nuestra historia. ¿Cuántos rituales familiares continúan porque todo el mundo está convencido de tener que realizarlos para expresar su amor y lealtad a padres, hijos y hermanos? ¿Cuánta gente se pasa la vida en reuniones que no tienen ninguna utilidad práctica y que sólo sirven para perpetuar la idea de que los individuos productivos acuden a muchas reuniones importantes? ¿Cuántos estudiantes se obligan a elegir carreras prácticas en lugar de estudiar lo que realmente les gusta? Cuando eliminas los fantasmas de tu mesa y te desprendes de las historias sobre lo que supuestamente es «conveniente», «adecuado» y «mejor», quedas libre para explorar el misterio de quién eres realmente y de quiénes son las otras personas que hay en tu vida.

La primera revelación está asociada a la serpiente —el cuerpo físico, el mundo material, y la percepción sensorial—, y a medida que la domines, comenzarás a ver más allá del nivel más simplista y literal de la realidad. Empezarás a reconocer los acontecimientos de tu infancia y adolescencia que moldearon tu personalidad, y la influencia que tus padres y tu cultura han ejercido sobre ti. Y luego, cuando *esa* historia ya no tenga nada que ofrecerte, podrás crear una nueva que se ajuste mejor a la odisea de un héroe. Serás capaz de abandonar la tediosa historia de un hombre de mediana edad que está reviviendo su adolescencia, o de una mujer cuarentona intentando aparentar que tiene veinte años, y escribir una mucho más original para ti mismo. Reconocerás la divina coreografía de acontecimientos pasados que te han llevado a iniciar este viaje de aprendizaje, curación y descubrimiento.

LA MANIFESTACIÓN FÍSICA
DE NUESTRAS HISTORIAS

Nuestras historias son tan poderosas y convincentes que las interiorizamos y quedan alojadas en nuestro tejido muscular como memorias celulares. De modo que, cuando «somatizamos» estos relatos, nuestra manera de hablar y caminar cambia. Podemos olvidar que somos poetas y no sólo padres, y vernos hablando en lenguaje de bebé. Podemos convencernos a nosotros mismos de que somos perpetuas víctimas, y, en lugar de caminar con confianza, nos arrastramos con los hombros caídos y la mirada baja. Los actores que realmente quieren vivir su papel suelen comenzar por observar las características físicas y movimientos de un joven encolerizado, de una mujer deprimida de mediana edad o de un hombre inocente, porque comprenden que las historias de estas personas se manifiestan en su apariencia física y en sus movimientos.

Sea cual sea la imagen de la persona que seas en tu historia, tú la encarnarás y la gente responderá a ello. Tu apariencia y tus actos transmitirán si eres inaccesible o amigable, débil o poderoso, firme o inseguro. Además, te des cuenta de ello o no, le sonreirás a las personas que estén supuestamente en tu círculo y evitarás aquellas cuyo lenguaje corporal o apariencia indique que no pertenecen a tu mundo (porque no aceptas *sus* historias). Piensa en la gente que se sienta a tu lado en un autobús lleno —es más probable que pertenezcan a tu círculo social que las personas que presentan una apariencia y un comportamiento distinto al tuyo.

Recuerdo un verano que pasé hace varios años en un barrio de mala reputación de la ciudad de Nueva York. Los primeros días vi que la calle estaba llena de asaltantes y violadores; sin embargo, a lo largo de las semanas siguientes, descubrí que estos «siniestros personajes» eran simplemente mis vecinos. Y eran gente extremadamente amable —simplemente había adoptado una apariencia que inspiraba respeto en Nueva York—. Poco después de este descubrimiento, vi a un amenazador personaje reflejado en un escaparate y me asusté. Entonces comprendí que yo también había desarrollado una actitud y una apariencia que inspiraba respeto en la calle, y casi no me reconocí a mí mismo.

POR QUÉ NOS AFERRAMOS A NUESTRAS HISTORIAS

Nos aferramos a nuestras historias porque nos beneficiamos de ellas, incluso cuando a veces nos hacen sufrir. Generalmente, la recompensa principal es que nuestro ego tiene la oportunidad de ser una estrella si decidimos participar en ese drama. Creemos que algún día superaremos nuestra espantosa infancia o nuestra desastrosa vida amorosa si nos esforzamos lo suficiente en mejorar, pero no consideramos la posibilidad de abandonar el papel de víctima. Hacer esto exigiría que el ego abandonara su necesidad de estar a cargo de contar la historia.

Tu ego tiene un poderoso instinto de supervivencia y hará prácticamente cualquier cosa para seguir vivo. Luchará contra el anhelo de curación, e insistirá en su necesidad de tener razón. Debes de haber experimentado esto al discutir con otra persona: había una parte de ti que quería dejar de hacerlo y encontrar un terreno común con el otro, pero tu ego insistió en que tú sabías más o en que tenías un punto de vista superior, y exigió que siguieses batallando hasta derrotar a la otra persona. Tu ego te ha convencido de que si abandonas tu historia, ya no serás amado, apreciado, reconocido o tomado en cuenta —prácticamente desaparecerías.

A menudo, el beneficio de aferrarnos a nuestras historias reside en que nos dan una falsa sensación de seguridad y propósito.

Después de todo, ¿quiénes somos si ya no podemos ser esa sabia figura de autoridad, ese rebelde creativo o ese amante padre de familia? En mis inicios, cuando ejercía la psicología, escuchaba cómo la gente hablaba de la historia de su vida, reivindicando el derecho a sentirse víctima de su infancia, de sus maridos o esposas, de la economía. Inevitablemente, estas personas se cansaron de estos poco originales relatos que sólo servían para mantenerlas encerradas en su sufrimiento. Sin embargo, no conocían otro camino, y se vieron repitiendo el mismo drama una y otra vez, con distintos empleos, parejas y amigos. A veces abandonaban la terapia cuando les decía que no eran los únicos que se aburrían mortalmente con sus historias. (En aquellos tiempos, yo era joven y no sabía cómo ayudar a mis clientes a crear una nueva historia, un mito heroico que diese poder en lugar de quitarlo.)

En realidad, nuestra historia se convierte en una sentencia de muerte para el héroe interior, porque exige que rechacemos aquello que no encaje en sus estrechos roles. Por ejemplo, yo tengo hijos, pero no soy «padre». Obviamente, ejerzo de padre, y creo que lo hago bien, pero eso no define quién soy. También escribo y realizo curaciones, pero no soy escritor o curandero. Lo que soy es un misterio del cual descubro nuevas pistas cada día. En ocasiones me siento totalmente confuso respecto a quién soy, pero no dejo que eso me impida ser un buen padre. Simplemente me doy cuenta de que un rol como «padre», «escritor» o «curandero» es algo demasiado pequeño para describir lo que soy.

Si te identificas con el papel de padre o de madre, recuerda que llegará un momento en que tus hijos ya no necesiten a alguien que cuide de ellos. ¿Quién serás cuando se vayan de casa? ¿Cómo cambiará tu rol? Muchos padres y madres se deprimen cuando el último de sus hijos se marcha del hogar, y el síndrome del nido vacío los obliga a afrontar el hecho de que ya no se los necesita para lavar la ropa de los niños o para asegurarse de que coman tres veces al día. Del mismo modo, si te identificas con el papel de empresario, escritor, curandero, marido o esposa, llegará el día en que dejarás de desempeñar ese papel. Tendrás que crearte una nueva identidad, y eso puede ser atemorizante porque no sabes si vas a encontrar una que tenga sentido para ti.

Cada personaje de tu historia presenta evidencias falsas de tu verdadera naturaleza. Y cuando insistas en sólo ver a los demás —sea tu madre, tu padre, tu jefe o tu hijo— bajo el papel que interpretan en la historia de tu vida, tu percepción te impedirá experimentar quiénes son en realidad. Esto creará ira en ti y en ellos. Sin embargo, cuando te desprendas de tu historia, tus relaciones con las personas que amas y con las que te peleas comenzarán a mejorar, y el resentimiento se disolverá.

ABANDONAR NUESTROS ROLES

Cada historia tiene un reparto de protagonistas que interpretan ciertos papeles. Cuando practicamos el camino del héroe, abandonamos los limitados personajes con los que nos identificamos, así como las creencias que éstos tienen por verdaderas. Nuestros personajes se convierten en lo que *hacemos*, pero no son lo que *somos*. Podemos seguir ejerciendo de enfermera, madre, hijo, vendedor, agente inmobiliario o jubilado, y ser muy eficaces al desempeñar cada una de estas tareas. Podemos participar en el mundo sin dejarnos poseer por lo que a fin de cuentas es poco importante. En otras palabras, no somos la colada, el cocinar o el limpiar —simplemente realizamos estas tareas sin lucha ni dolor.

Siempre me había desconcertado esa parte de la Biblia en que Cristo pregunta: «¿Quién es mi madre?». Luego comprendí. Cristo se estaba liberando del papel de «hijo de María» (con todo lo que implica ser un buen hijo judío) para asumir el de «hijo de Dios». Como puedes ver, cada papel que interpretamos es un conjunto de creencias y de expectativas, y cuando el mundo no encaja con las primeras y no responde a las segundas, nos sentimos decepcionados y nos lo tomamos como algo personal. Cuando abandonamos nuestros roles, podemos hacer lo que tenemos que hacer. Ya no nos tomamos las cosas como algo personal ni necesitamos que nuestro ego reciba atención y aprobación.

El siguiente es un poderoso ejercicio que suelo realizar con mis alumnos para ayudarlos a abandonar sus roles.

EJERCICIO: QUEMANDO TUS ROLES

Estás leyendo este libro en el nivel del jaguar, usando tu mente para comprender el lenguaje y las ideas. Este ejercicio tiene lugar en el nivel del colibrí —en el nivel de lo sagrado— y el objetivo es desenredar las cuerdas energéticas que te mantienen atado a un determinado rol. Se realiza mejor junto a una hoguera, pero también lo puedes hacer encendiendo una vela dentro de casa. También necesitarás palillos de dientes, un bolígrafo y algunos pedazos de papel.

Primero, en cada trozo de papel, escribe el nombre de un personaje que interpretes en tu vida. Asegúrate de que se vean al menos veinte roles, incluyendo *madre, padre, proveedor, enfermera, curandero, alcohólico en recuperación, amante, amigo, poeta, persona que está intentando dejar de fumar* y cualquier otro que consideres adecuado. Luego enrolla cada pedazo de papel alrededor del palillo de dientes y usa tu aliento para «insuflarle» tu intención de liberarte de ese rol. A continuación, acerca el palillo de dientes al fuego y contempla cómo se quema. Sujeta cada palillo con los dedos todo el tiempo que puedas sin llegar a quemarte. Mientras arde, imagina que te estás liberando de ese rol, hasta que ya no seas ni madre, ni hijo, ni hombre, ni mujer. Al hacerlo así, estarás desenredando las cuerdas energéticas que te mantienen atado a ese personaje.

Realicé este ejercicio cuando mi hijo estaba entrando en la adolescencia, y uno de los personajes que quemé fue el de padre. Mientras el palillo ardía, me dije a mí mismo: «Estoy colocando en el fuego a la persona que espero que seas, hijo mío, de modo que puedas convertirte en quien estás destinado a ser». Desde entonces, nuestra relación ha sido siempre de amigos, aunque sabe que siempre podrá contar conmigo.

NUEVAS Y MEJORES HISTORIAS

La mejor razón para despojarte de tus historias, como una serpiente que muda de piel, es que nunca podrás curarte a ti mismo dentro de una de ellas. Lo único que puedes hacer es resignarte a aceptar la suerte que te ha deparado el guión, y luego condenarte al sufrimiento que forma parte del drama. Tu vieja madre nunca dejará de ser una persona retorcida, y tus desagradecidos hijos seguirán ignorándote.

Pero cuando construyes una historia épica para ti mismo, la curación y la transformación suceden en el nivel del colibrí, y fluyen hacia abajo para moldear tu mundo psicológico y físico.

Si vas a inventar relatos sobre tu recorrido vital, más vale que sean grandiosos y nobles. Es mejor verte a ti misma como una valiente viajera que consiguió escapar por poco de una situación difícil y que aprendió a confiar en su instinto que como la víctima de una traición, la mujer que lo perdió todo y que ya no se siente capaz de confiar en los hombres.

Ninguna de tus historias es verdadera —son sólo guiones que has creado—. No son tu vida porque te mantienen viviendo en el pasado, atrapado en el papel de hijo incomprendido, artista poco valorado o víctima de una enfermedad crónica. Incluso los nuevos relatos llenos de poder que aprenderás a crear y que usarás para reemplazar a las antiguas y opresivas historias no serán más que meros mapas. Te ayudarán a navegar a través de la vida y a escalar la montaña, pero no son la montaña en sí.

Cuando asimiles la primera revelación y sigas las cuatro prácticas, abandonarás gradualmente tu identificación con el ego y te resultará más fácil desprenderte de tus historias. En lugar de buscar un propósito y un significado en el nivel literal, lo encontrarás en el nivel mítico, donde las historias son épicas y sagradas. Cuanto esto ocurra, tu antigua identidad morirá y te convertirás en un misterio para ti mismo. Ya no te harás la pregunta: «¿Quién soy?», sino que querrás saber: «*¿Qué soy?*», y descubrirás que estás hecho de la materia de las estrellas, que eres Dios apareciendo bajo la forma de ti mismo. Eres mucho mayor que tus historias, y tienes infinidad de cosas por descubrir acerca de tu potencial.

Por ejemplo, una mujer que conozco se enteró de que cuando era un bebé, su madre (que se sentía abrumada por la carga de tener que criar a dos niños pequeños) a veces la había alimentado metiéndole el biberón en la boca, en lugar de tomarla en brazos y dárselo. No entendí por qué este hecho había cambiado la percepción de esta mujer respecto a su madre: el día anterior, no conocía esa información, y hoy sí. Su madre era la misma persona que el día anterior; sin embargo, la mujer estaba convencida de que ese descubrimiento revelaba que se la había herido de cierta forma, y se sentía deprimida y engañada. Deseaba no haber descubierto ese hecho sobre su madre. Aunque no tenía ninguna evidencia de haber sufrido a causa de ese trato, inmediatamente creó una historia en que su fría y abusiva madre la había maltratado.

Cuando nos despojamos de historias negativas y poco originales como «mi madre era egoísta y me descuidó», podemos amar y aceptar a nuestra madre tal como es. Podemos dejar de desear que nuestro pasado haya sido distinto, obsesionándonos con lo que podría haber ocurrido si papá y mamá hubiesen sido los padres que nos habría gustado tener. Podemos apreciar las cosas que fueron capaces de darnos en lugar de centrarnos en lo que no nos dieron. Nuestra nueva y más positiva historia sobre un padre ausente podría ser el relato de un niño que aprendió el valor de la independencia. Podemos desechar la vieja historia sobre lo críticos y crueles que eran nuestros abuelos y crear una nueva sobre cómo nos enseñaron que cuando uno es demasiado crítico, acaba haciendo sufrir a los demás y a uno mismo. En este nuevo relato, podemos celebrar el hecho de que se nos ha enseñado a valorar la tolerancia.

Si escribiésemos historias así para nuestras vidas, podríamos prescindir de la mayor parte de la psicoterapia.

LOS TRES PERSONAJES ARQUETÍPICOS DE NUESTRAS HISTORIAS

Para comenzar a convertir tus heridas en fuentes de poder y compasión, necesitas reconocer las historias que te cuentas a ti mismo sobre quién eres. Puede que no seas consciente de lo profundamente que crees estas historias, o que te pongas a la defensiva e insistas en que tienes derecho a aferrarte a tu verdad —que has sido victimizado, mal comprendido, abandonado, traicionado, han abusado de ti, etcétera—. Pero si eres capaz de liberarte de tu historia y de tus limitadas definiciones de ti mismo, puedes cambiar la trayectoria de tu vida, reinventarte a ti mismo, y crear un viaje mucho más enriquecedor para ti, tu familia y la humanidad como un todo.

Siempre que contamos una historia sobre nuestra experiencia o la de otros, le asignamos a los personajes tres papeles que forman un opresivo *triángulo coartador de poder*. Estos personajes son la *víctima*, el *verdugo* y el *salvador*. En el mundo de los indígenas americanos, son el indio, el conquistador y el sacerdote. En cualquier dinámica, el indio representa a la víctima, que es oprimida por el conquistador (el verdugo). El sacerdote ejerce como el noble salvador que intenta ayudar al pobre indio con la promesa de una vida después de la muerte.

Triángulo coartador de poder

Opresión
(verdugo)

Víctima

Salvador

Cuando vives dentro del guión de tu historia, creas lo que se conoce como *vínculo traumático* con los actores principales de tu relato, porque te conectas con ellos desde tu yo herido. En tus propias historias, siempre estás interpretando uno de estos papeles, aunque irás cambiando de personajes a medida que el relato avance.

Por ejemplo, conozco a una trabajadora social que ayuda a las supervivientes de la violencia doméstica. Solía considerarlas víctimas, y trabajaba horas extras para proteger a estas mujeres de los hombres que abusaban de ellas.

Su comportamiento tenía algunas consecuencias muy positivas porque, en muchos casos, impidió que sus protegidas sufrieran más abusos. Sin embargo, tuvo que pagar un alto precio por ese éxito: como se había identificado con su papel de salvadora, se sintió herida y victimizada cuando algunas de sus clientes comenzaron a resentirse de la actitud paternalista que tenía hacia ellas. Y ella destinaba tanta ira a los abusadores que comenzó a convertirse en un verdugo ella misma, decidida a ver sufrir a estos hombres, en lugar de reconocer que ellos también necesitaban curarse, y podían muy bien haber sido víctimas de la violencia doméstica cuando eran niños. Sin saberlo, la trabajadora social se había visto atrapada en el triángulo coartador de poder.

En cualquier situación, la curación de todos es más probable cuando alguien es capaz de desprenderse de su personaje y salirse de su historia. El problema radica en que gastamos tanta energía interpretando estos dramas que no vemos nuestro objetivo y somos incapaces de crecer. No estamos aquí para interpretar siempre la parte no cicatrizada de nuestro relato y para definirnos a nosotros mismos por aquello que hicimos en el pasado. No tenemos que estar siempre rescatando noblemente a víctimas, sintiéndonos heridos cuando ellas comienzan a sentirse resentidas con nosotros, y luego atacándolas cuando hemos pasado al papel de verdugo. Sí, es maravilloso ayudar a los demás, pero cuando lo hacemos para curar la parte no cicatrizada de nosotros mismos, nos quedamos atrapados en este dramático triángulo e impedimos que se produzca una verdadera curación para todos.

Finalmente, mi amiga trabajadora social tomó conciencia de haber quedado atrapada en la interpretación de los papeles de salvadora y justiciera. Comenzó a ver a los maltratadores como seres humanos en su propio viaje de curación, y fue capaz de liberarse de su necesidad de verlos a todos sufriendo su castigo.

Cuando te apeas de tu historia, te desprendes de los juicios hacia los demás. Por ejemplo, cuando digo: «siento que no me comprendes», te estoy contando mi interpretación de tu comportamiento y sugiriendo que estás haciendo algo incorrecto conmigo. Éste es un juicio disfrazado de sentimiento. Fuera de la historia, te podría contar en cambio lo que necesito, como por ejemplo ser respetado y escuchado. Ya no necesitas mantener a otra persona interpretando el papel creado por tu relato —desaparece tu culpa y la de los demás, y puedes practicar el perdón.

NUESTROS MITOS E HISTORIAS CULTURALES

Cuando reconoces la narrativa en la que estás atrapado, puedes decidir desprenderte de ella. Pero primero tienes que reconocer la historia. Por eso los mitos arquetípicos —esos relatos de héroes y dioses— son tan valiosos. Podemos ver en ellos nuestros propios recorridos, además de las lecciones que debemos aprender para poder trascenderlos.

Al igual que nos aferramos a historias personales que coartan nuestro poder, también aceptamos grandes mitos culturales que atañen a nuestra necesidad de desempeñar el papel de víctima, de salvador o de verdugo. Los psicólogos dicen que interpretamos estos papeles en nuestra vida cotidiana. Revivimos los relatos de hombres y mujeres que han triunfado sobre la adversidad, que han fracasado a causa de un defecto fatal en su carácter o que han sido recompensados por sus sacrificios. Vemos que estamos sufriendo como Job o haciendo un esfuerzo hercúleo.

Incluso quienes no son conscientes de las historias arquetípicas se identifican inconscientemente con ellas. Por ejemplo, hace algunos años hubo gente que se quejó públicamente de toda la cobertura mediática que había recibido la trágica y repentina muerte de la princesa Diana, y de cómo esta muerte había eclipsado a la de la Madre Teresa, una mujer que se había convertido en el símbolo mismo del sacrificio personal y que había muerto en la misma semana. Se preguntaba cómo era posible que nos centráramos tanto en la problemática vida de esta joven princesa cuando el mundo había perdido a alguien que con seguridad iba a ser canonizada rápidamente por la Iglesia católica.

La respuesta es que los medios de comunicación respondieron al hecho de que más gente se identificaba con la princesa Diana que con la Madre Teresa. En la vida real, ambas mujeres eran personas complicadas, como lo somos todos, pero nos identificamos con la leyenda sobre sus vidas que más se adapta a nuestros propósitos. Queríamos ver a la Madre Teresa como una salvadora sobrehumana cuyas acciones eran tan extraordinarias que era imposible estar a su altura. De esta forma, podíamos sentirnos inspirados por ella sin experimentar ninguna presión por seguir su ejemplo de sacrificio, compasión y amor, un ejemplo que parecía demasiado grandioso para que lo pudiésemos entender (aunque la propia Madre Teresa dijo: «Dios nos ha creado para que hagamos pequeñas cosas con gran amor»).

La princesa Diana, en cambio, parecía demasiado humana: creía inocentemente en su marido, y él la traicionó; era generosa, sensata y compasiva, pero su suegra no tenía buena opinión de ella, y cayó en la desesperación, la bulimia y la depresión. Sin embargo, dejó de ser una víctima y se convirtió en una maravillosa madre y una incansable defensora de los menos afortunados, como las víctimas de las minas antipersona y los enfermos de sida.

Mucha gente aspira a ser tan resistente como Diana. Los hechos de su vida (y de su muerte) eran menos importantes para la mayoría que el gran mito redentor de una mujer que reivindicó su poder, dejó de ser una víctima y nunca se convirtió en una persona amargada o egoísta. El mito creado a su alrededor era sentido más íntimamente que el creado alrededor de la Madre Teresa. Por lo tanto, para muchos, su fallecimiento fue sentido de manera más personal.

Cuando vemos historias en los medios de comunicación, nos contemplamos a nosotros mismos. Nos identificamos con los personajes de las películas, con las celebridades que manejan cuidadosamente su imagen pública, con la gente común que aparece en los *reality shows*. En realidad no queremos saber si la estrella de rock o el actor de televisión que aparecen en el documental *Where Are They Now?* están amargados porque sus días de gloria han quedado atrás. Queremos que participen en nuestra creencia compartida de que cuando los poderosos caen, se reinventan a sí mismos, descubren un nuevo propósito y son más felices de lo que jamás hubieran creído posible.

Aunque generalmente no somos conscientes de ello, estos mitos reciclados se han convertido en algo adictivo. La historia de la princesa Diana es una versión del mito griego de Psique y su búsqueda de la crema de belleza de Perséfone (es decir, de la felicidad), una búsqueda que la lleva a bajar a los infiernos. La historia de Donald Trump es una versión del mito de sir Percival y la búsqueda del Santo Grial, junto a su incapacidad para seguir la admonición de no seducir nunca a una bella doncella o ser seducido por ella.

El problema es que estos antiguos mitos culturales ya no son productivos o provechosos para el mundo de hoy. Más bien, nos mantienen atrapados en nuestros papeles de víctimas, de salvadores, en nuestra arrogancia moral o en ilusiones sobre nosotros mismos que nos da miedo examinar porque tememos ser expuestos como farsantes o fracasados. Cuando somos incapaces de resurgir de nuestras propias cenizas, nos desesperamos.

Nuestro viaje curativo no puede progresar si no desechamos estos viejos mitos y resistimos la tentación de revivir las mismas viejas historias que venimos escuchando durante milenios. Tenemos que apartarnos de todo lo que pensamos que deberíamos hacer para ser amados y aceptados por los demás. Entonces nos convertiremos en el actor en lugar de en el reactor, en el creador de mitos en lugar de en el perpetuador de ellos. Llevaremos lo sagrado a cada momento y transformaremos nuestras experiencias en algo épico.

Puedes hacer esto cuando reconoces que cada historia es una profecía que se cumple a sí misma. Puedes contar tu relato de tal forma que recuperes tu nobleza y tu poder... como nunca ha sido contado antes. Éste es el viaje del héroe.

EXPULSADO DEL JARDÍN

Todos nosotros hemos interiorizado la historia de nuestra cultura judeo-cristiana en que somos expulsados del paraíso y nos separamos de nuestro divino Creador. Esta historia de pérdida permea nuestras vidas aunque no hayamos sido criados en un hogar religioso, y causa mucho sufrimiento. De modo que si queremos cerrar nuestras heridas en todos los niveles, es crucial que desechemos este mito y creemos uno nuevo.

Esta leyenda es la «historia original», con la serpiente y Eva en el papel de verdugos, Adán como víctima, y la gracia de Dios como el único poder capaz de salvarlos (y a nosotros). Como nos creemos esta historia, bautizamos a los bebés para que no sean castigados por la mancha del pecado original con la que supuestamente han nacido. Y el de nuestra madre original da lugar a *todos* nuestros complejos de Edipo: si Eva hubiese sido una buena madre y pensado más en nosotros en lugar de sólo en ella, no estaríamos en la situación en la que nos encontramos. Finalmente, el mito de Dios como salvador nos separa de nuestra propia divinidad, y nos hace depender de una fuerza externa para que nos libere de la maldición que cayó sobre nosotros como castigo por los pecados de nuestros antepasados.

Cuando nos liberemos del viejo mito de la expulsión del paraíso, podremos redescubrir el Edén original que se encuentra en la naturaleza, y sentirnos a gusto en este hogar. Se nos ha condicionado para pensar en el mundo natural como algo hermoso pero atemorizante (a diferencia del protegido y cultivado Jardín del Edén). En nuestra infancia se nos enseñó que el bosque está lleno de brujas y terribles lobos que atacan a las niñas pequeñas. Al llegar a adultos creemos que los espacios al aire libre están poblados por violentos animales que nos descuartizarían en un segundo, y que la madre naturaleza es caprichosa y cruel, al atacar con maremotos, tormentas, terremotos y tornados que nos arrebatan a nuestros seres queridos. Vemos la naturaleza como algo que debe ser conquistado y domado, como un arbusto bien podado o un césped bien cortado.

Cuando desechamos esta historia, descubrimos que nunca hemos abandonado el Jardín del Edén. Aunque podamos creer que Dios creó la naturaleza, no pensamos que la divinidad resida en los árboles, los océanos o los acantilados. Concebimos a Dios como una entidad que se halla muy por encima de nosotros, que reside en los cielos y que sólo entra en nuestros corazones si lo invitamos y nos humillamos de verdad, admitiendo nuestros muchos pecados. O no creemos en absoluto en lo divino y no podemos concebir que lo sagrado pueda estar presente en cada hoja, acera o gota de agua. Nos reímos de la noción de que ya estamos en el paraíso.

De hecho, la mayoría de la gente no se da cuenta de que a pesar de todos esos preciosos cuadros del paraíso celestial que llenan nuestros museos y dan alas a nuestra imaginación, Jesús dijo que el reino de los cielos se encuentra a nuestro alrededor en este momento. Del mismo modo, los laikas creen que el reino de los cielos se encuentra dentro y fuera —dentro, encima, debajo y alrededor de nosotros—. Es nuestra incapacidad para percibirlo lo que nos convierte en exiliados, y esta ceguera es la causa de nuestro sufrimiento. Los laikas se quedaron totalmente desconcertados cuando los misioneros les dijeron que el infierno se encontraba bajo tierra. Para ellos, la tierra era el reino de la Gran Madre, cuyos fértiles campos y aguas proporcionaban alimento y sustento a todo el mundo, y sólo una persona desquiciada podía caer en la ilusión de que estamos separados del jardín sagrado en el que hemos nacido.

Aún estamos viviendo en los exuberantes jardines de la divinidad. Sin embargo, comprender esto intelectualmente, desde el nivel del jaguar, no es suficiente. Si hemos de experimentar este mundo como un paraíso, tenemos que sentir esto con cada célula y con cada hueso de nuestro cuerpo, desde el nivel del colibrí. Los laikas llaman a esto *ayni*, o relación correcta con la naturaleza. Cuando estamos en *ayni*, no tenemos por qué temerla. Un rayo, una pantera o un microbio sólo puede matarnos cuando nos hallamos en un estado de desequilibrio —de hecho, para los laikas, no existe ninguna diferencia entre morir por culpa de un microbio o de una pantera—. En Occidente, solemos pensar que una muerte ha sido causada por una enfermedad y la otra por un accidente, pero los laikas creen que tenemos que estar en un correcto *ayni* tanto con los microbios como con las panteras, o ambos nos considerarán su almuerzo. Cuando nos encontramos en *ayni*, dejamos de formar parte de su cadena alimenticia.

De hecho, las prácticas médicas de los Guardianes de la Tierra están basadas en la idea de que debemos realinearnos con la naturaleza y recuperar una relación de equilibrio, y entonces nuestra salud natural regresará. Ésta es una visión muy distinta a la occidental en que el cuerpo es un sistema que se estropea inexplicablemente y que, cuando no funciona de manera óptima, necesita ser reparado con operaciones y antibióticos que maten los microbios.

Cuando estamos en *ayni*, el paraíso es nuestro hogar, y la salud física, mental y emocional es nuestro derecho de nacimiento. Descubrimos que nunca hemos abandonado el Edén. Hace muchos años, caminaba cerca del río Amazonas con un par de chamanes cuando llegamos a un claro. Me dijeron que entrara en la selva a ver qué ocurría. Antes de entrar en ella, pude escuchar su canto: los gritos de los guacamayos, los loros, los monos y los insectos. Me adentré un paso, luego un segundo, y al tercer paso, la selva quedó en silencio. No podía creerlo.

Los chamanes me dieron la siguiente explicación: «Las criaturas de la selva saben que ése no es tu lugar, que has sido expulsado del jardín». Eso me pareció absurdo —con toda seguridad los animales olieron los restos de mi desodorante y de mi talco para el pie de atleta, a pesar de que no había usado estos productos durante algunas semanas. Entonces vi a dos indígenas asando una boa constrictor a la orilla del río, y tuve una idea. Me acerqué a ellos, me presenté y les pregunté si me podían dar un poco de la grasa de serpiente que habían estado recolectando en una lata. Estuvieron encantados de poder ayudarme.

Regresé junto a mis amigos chamanes, me desvestí hasta quedarme sólo con mis pantalones cortos y me unté el cuerpo con grasa de serpiente, convencido de que los pájaros, los monos y las otras criaturas la olerían; pensarían que yo era una serpiente regresando a la selva, y continuarían con su canto. Apestando a grasa de serpiente, entré de nuevo. Di un paso, luego otro, y al tercer paso la selva volvió a quedar en silencio. La única diferencia es que esta vez pude escuchar el zumbido de unas seiscientas moscas dando vueltas a mi alrededor, atraídas por mi mal olor.

Diez años más tarde, después de haber aprendido las costumbres de los Guardianes de la Tierra, comprobé que cuando entraba en la selva, las criaturas e insectos que sentían mi presencia me reconocían como alguien que vivía en el jardín, y sus gritos, cantos y graznidos no se interrumpían incluso cuando me adentraba hasta lo más profundo de su reino. Sabían que yo era alguien que caminaba con armonía sobre la tierra, que era parte de ellos. Había llegado a comprender que para estar en armonía con el jardín, tenía que desprenderme de mi historia, el mito cultural que había aceptado y que decía que yo había sido desterrado de mi naturaleza original y no podía hablar con Dios o con los ríos y árboles, y esperar una respuesta. Dejé de creer que estaba condenado a ser siempre un exiliado. Me convertí en el autor de mi propia vida.

CONVERTIRSE EN EL AUTOR

Los antiguos laikas le encontraban poca utilidad al dogma, incluyendo la tradición religiosa de su gente. Sin embargo, toleraban a sus sacerdotes indígenas, que eran los protectores de las historias de su cultura. Los laikas comprendían que estas historias, como las nuestras de la Biblia, servían para transmitir los valores que le daban cohesión a la sociedad. Sin embargo, no reverenciaban tanto estos viejos relatos como para tener miedo de explorar nuevas historias. Reconocían que el cambio forma parte de la experiencia humana, y que las tradiciones de una determinada época pueden quedar obsoletas.

Los laikas creían que los sacerdotes —no sólo los españoles, sino también los de su cultura indígena— eran los narradores de historias que ellos no escribieron, las historias de la experiencia espiritual de otra persona. Consideraban que la religión era simplista en su uso de las historias para explicar la espiritualidad y de las metáforas para expresar sabiduría. Los Guardianes de la Tierra creían que estas historias nos ayudaban a comprender ciertos conceptos, pero que no eran tan valiosas como experimentar de primera mano la divinidad, desde el nivel de percepción del águila. Veían a los sacerdotes como los practicantes de una especie de teatro que convertía el inmenso misterio de la creación en algo admisible para la mente humana. Esto sucede porque la religión está basada en la creencia, mientras que la práctica espiritual lo está en la experiencia personal de la divinidad. Los laikas están firmemente centrados en desarrollar la sabiduría de la experiencia y creen que cada uno de nosotros debe hacer esto por sí mismo. Entonces las historias que creamos se convierten en nuestros propios relatos sagrados de aventura épica.

En el siguiente ejercicio, practicarás cómo convertirte en un creador de historias al reformular los acontecimientos clave de tu vida.

EJERCICIO: ESCRIBIR DOS HISTORIAS SOBRE TI MISMO

En este ejercicio, vas a escribir dos historias. La primera es la que te has venido contando durante muchos años y que comienza con: «Había una vez una cigüeña que se equivocó de casa al dejar el bebé». Adelante, date permiso para escribir la historia de tu vida, sin olvidarte de tus padres, de tus relaciones amorosas, de tu matrimonio y de la carrera que no funcionó del todo. Escríbela en forma de cuento, como si hubiese sucedido hace mucho, en un reino lejano, y anota las veces que fuiste la víctima, el verdugo y el salvador, y a quién le has asignado estos mismos personajes.

Cuando hayas terminado, escribe la historia de nuevo, pero esta vez comienza con las palabras: «Había una vez una cigüeña que dejó el bebé en la casa *correcta*». Recuerda que las historias con valor curativo explican por qué los acontecimientos ocurrieron exactamente como se suponía que debían ocurrir, para enseñarte valiosas lecciones que te harán progresar en tu periplo épico.

Quizá sufriste algún abuso cuando niño —pero esto era justamente lo que tu alma necesitaba para que aprendieras las lecciones de fuerza y compasión que tú requerías, y elegiste el hogar perfecto en que nacer—. (Obviamente, es espantoso sufrir abusos, pero recuerda que lo que estás escribiendo es la historia de un viaje épico de aprendizaje y de curación.) El abuso verbal de tus padres te puede haber enseñado que quienes denigran abiertamente a los otros con la intención de herirlos son personas profundamente inseguras e infelices, y que esto no tiene nada que ver contigo. Puede que incluso encuentres una pizca de verdad en sus palabras. O quizá la lección que aprendiste fue que puedes aceptar tus imperfecciones, y decidas cuánto esfuerzo quieres hacer para cambiar, sin sentirte presionado por satisfacer las expectativas de nadie.

Si no te sientes cómodo al escribir la historia porque todavía no has aprendido lo que tienes que aprender, no importa —escribe como si ya lo hubieses aprendido—. Puede que quieras revisarla en el futuro y hacer algunos cambios. Cuando comiences a creerte esta nueva historia, empezará a hacerse realidad. Te habrás convertido en el autor de tu propia vida; por lo tanto, el universo, consciente de que has aprendido la lección, ya no te hará ir más al colegio.

Al volver a contar nuestras historias, descubrimos el positivo y enriquecedor legado que se nos ha dado. Por ejemplo, los laikas recuerdan al conquistador no como la fuerza devastadora que destruyó todo lo que era valioso en su mundo (que es la visión popular), sino como un catalizador para una época en que los Guardianes de la Tierra conservarían las revelaciones. Como estas enseñanzas permanecieron escondidas, se hicieron aún más poderosas, y llegaría el día en que se harían públicas nuevamente y ayudarían a la supervivencia de toda la raza humana.

Recuerda que sólo podemos reescribir nuestras historias en el nivel mítico. Es decir, si tienes hijos adolescentes que pronto querrán ir a la universidad, tendrás que trabajar largas horas como auxiliar de vuelo para poder pagarla, y no vas a poder pasarte el día pintando acuarelas (que es lo que gustaría hacer). Éstos son los hechos. Sin embargo, en el nivel de lo sagrado, tu historia puede muy bien ser la de un artista: tu lienzo es el mundo, y puedes darle un poco más de color y de vida a cada persona con la que entres en contacto en ese avión.

Toma posesión de tu propia historia mítica, practica tu arte y no te definas sólo como una madre (o un padre) auxiliar de vuelo que está intentando que sus hijos vayan a la universidad —eres una pintora o una poetisa que casualmente tiene un trabajo de auxiliar de vuelo—. Al hacerlo así, comprobarás que podrás encontrar tiempo para tu arte. Reconoce tu vida interior, y permítete explorar quién eres en toda su maravillosa complejidad. Acepta valientemente tus múltiples personajes, pero no te conviertas en ninguno de ellos. En lugar de eso, asómbrate cuando tus muchas identidades emerjan de sus escondites.

Obviamente, cuando te despojas de tu historia, algunas personas pueden alejarse de ti, al no saber cómo relacionarse con la madre que se ha convertido en una activista social o con el hijo que ha abandonado su trabajo en la empresa familiar para viajar por el mundo. Si esperas que los otros te alienten a explorar tus muchas identidades, probablemente te vas a sentir decepcionado.

Nos cuesta mucho aceptar la idea de que un juez pueda ser guitarrista de una banda de rock o que un contable pueda ser campeón de las carreras de trineos arrastrados por perros. Nos cuesta aceptar que nuestro dócil niño se ha convertido en un adolescente rebelde, o que nuestra siempre animosa esposa ha descubierto su lado callado e introspectivo. Pero cuando nos liberamos de las limitadas ideas sobre quién somos, se hace más fácil reconocer al artista, al poeta y al aventurero que los demás llevan dentro.

DESPOJÁNDONOS DE NUESTRAS ANCESTRALES HISTORIAS KÁRMICAS

Cuando sigues el camino del héroe, desechas la narrativa que has heredado y que puede remontarse a miles de años atrás. Tu historia no es nueva —es una repetición de lo que te ocurrió en la infancia, lo cual es una recreación del mismo guión que has interpretado a lo largo de muchas vidas—. Es el mismo relato que te llevó hasta la familia en que naciste porque encajaba tan bien con los relatos de los miembros que la componen. También es la saga que heredaste de tu padre y de tu madre, una saga cuyas heridas ellos fueron incapaces de curar. Heredaste estas heridas de tus padres y luego se las legaste a tus hijos, con la esperanza de que ellos las curaran por ti. En la Amazonia, a estas heridas se las llama «maldiciones ancestrales».

Si quieres librarte de tu carga histórica, es importante honrar a tus antepasados; si no lo haces, continuarán viviendo a través de ti y atormentarán cada actividad y relación de tu vida. Pero si puedes respetarlos y celebrarlos independientemente de lo horrible que haya sido su legado, podrás seguir adelante... y ellos también. Al cambiar tu historia ancestral, romperás la maldición que pesa sobre ellos, sobre tus hijos y sobre los hijos de tus hijos. Ya no te sentirás herido o enfadado al recordar que tu padre abandonó a tu familia ni te aferrarás a la vieja historia de que ésa es la razón por la cual no puedes confiar en tu pareja.

El karma corre en la familia. Una madre fría cría a una niña que se convierte en una madre que mima demasiado a sus hijos y que educa a una hija que a causa de haber sido mimada ni siquiera quiere tener descendencia. Mientras cada generación intenta superar su legado de trauma familiar, alguien tiene que tomar la decisión de reescribir la historia.

En mi familia, por ejemplo, mi abuelo perdió todo su dinero en la gran depresión, cuando tenía cuarenta y nueve años. Mi padre perdió su trabajo, su casa y su carrera, y tuvo que huir de Cuba durante la revolución comunista, cuando contaba cuarenta y ocho años. Con cuarenta y nueve, mi hermano perdió la vida. Al cumplir yo los cuarenta y ocho, la llamada maldición familiar —el karma que sufrieron mi padre y mi abuelo— cayó sobre mí. Viví una época extremadamente difícil en la que mi mujer y yo nos separamos, y ella se llevó a nuestros hijos a vivir a otro estado del país. Perdí mi hogar y mi familia; estaba reviviendo el destino de mi padre y de mi abuelo antes que él.

Entonces, un día, mientras hacía una excursión por los Andes, me sobresaltó un susurro muy familiar. Me pareció escuchar la voz de mi padre que me decía: «Hasta que descubras por qué has nacido hijo mío, continuarás viviendo mi vida». Esto hizo que me lanzara durante dos años en una exploración de mi historia familiar que me permitió descubrir esta pauta de pérdidas catastróficas. Luego volví a analizar el mensaje de mi padre y comprendí que había cometido un error de puntuación. Lo que estaba intentando decirme era: «Hasta que descubras *por qué has nacido*, hijo mío, continuarás viviendo mi vida». Entonces pude agradecerle su sabio consejo y dejé de responsabilizarlo por mi destino. Mi tarea consistía en descubrir qué era lo que había venido a aprender en esta vida —y al hacer esto, me convertí en el autor de mi propia historia—. Ya no tenía por qué seguir viviendo inconscientemente la vida de mi padre una y otra vez, y continuar cometiendo los mismos errores que él había cometido. Además, mi propio hijo había sido liberado definitivamente de la «maldición familiar».

Cuando reescribimos nuestra historia, sacamos a nuestros antepasados de las cloacas de la psique, ya no los hacemos responsables de nuestras vidas e interrumpimos los legados negativos que hemos recibido de ellos. Nos desprendemos de historias como: «Soy un neurótico porque mi madre estaba totalmente loca», o: «Soy un incomprendido, al igual que mi padre y mi abuelo». Ya no somos más las víctimas de los errores de nuestros antepasados —en lugar de eso, podemos honrarlos y agradecerles sus dones, por muy doloroso que haya sido recibirlos.

EJERCICIO: CONSTRUYE TU ALTAR ANCESTRAL

La mayoría de los antropólogos aún creen que los altares ancestrales encontrados en todas las culturas tradicionales son usados para la «adoración». La verdad es que estas sociedades comprendían que cuando honras a tus ancestros, no importa lo terrible que haya sido su comportamiento, alcanzas el perdón y la compasión, y puedes liberarte de su karma y de sus historias. Los laikas dicen que si no honras a tus ancestros en un altar que has construido para ellos, van a acabar destruyendo tu casa. Es decir, es mejor saber donde están que ignorar su legado, enterrarlos en las cloacas de la psique y aferrarnos a la historia de ser una víctima de sus acciones.

El siguiente ejercicio puede ahorrarte años de psicoterapia resolviendo problemas relacionados con tus padres.

Busca un lugar de tu casa (una estantería, un alféizar o una repisa de chimenea) donde puedas hacer un pequeño altar, y luego cúbrelo con un mantel. A continuación, coloca fotografías o símbolos de tus ancestros sobre él. Por ejemplo, si no tienes una foto de tu bisabuelo, puedes poner sobre el altar su anillo o cualquier otro objeto que le perteneciera. También puedes usar pedazos de papel con el nombre de tus antepasados o fotografías de las casas donde vivieron tus padres, abuelos o bisabuelos.

Tengo una amiga que ha creado un altar con un tapete que su bisabuela había tejido, sobre el cual colocó una fotografía de su abuela, quien fue siempre un gran ejemplo para ella. También quería honrar a los antepasados que le enseñaron cosas que le hicieron sufrir, pero le resultaba muy difícil mirar sus fotografías. Así que descubrió que le era más fácil honrarlos si situaba sobre su altar fotografías que les habían tomado cuando niños. Ver a los miembros de su familia en su juventud le recordaba la bondad que había en ellos, una bondad que no se había manifestado con demasiada claridad cuando se convirtieron en adultos.

Para honrar a tus ancestros, coloca sobre el altar un jarrón con flores frescas, o quema incienso. También les puedes llevar ofrendas de la naturaleza a medida que cambian las estaciones, como conchas de mar o piedras que recoges en la playa durante el verano, piñas y hojas secas durante el otoño, y así sucesivamente. Cada vez que cambies las ofrendas, agradece a tus ancestros los dones que hayas recibido de ellos, no importa lo dura que haya sido la experiencia de recibirlos o lo difícil que te sea verlos como presentes. Recuerda que la historia no es lo que realmente ocurrió, sino cómo has elegido recordarlo —es decir, cómo vive dentro de ti—. Al operar con este altar ancestral, puedes cambiar tu historia familiar en el nivel mítico, donde los relatos son periplos épicos, y no las viejas sagas de siempre sobre el éxito o el fracaso, tanto material como emocional.

Convierte en un hábito detenerte ante tu altar para reflexionar sobre los dones que te han legado tus ancestros. Recuerda que has elegido reescribir tu historia, y que, en tu nueva versión, los miembros de tu familia no son malvados y tú no eres una víctima.

Ten en cuenta, también, que este altar debe ser una representación del altar que has construido en tu interior. Es decir, lo que hayas creado en tu casa debe servirte como una especie de nota Post-it para recordarte que sientas gratitud por

el legado que has recibido y por las lecciones que tus antepasados te han enseñado.

LOGRAR EL *AYNI*

Cuando desechamos nuestras deprimentes historias
de víctima, salvador y verdugo, nos convertimos en autores
y creadores de mitos, y todas nuestras necesidades se ven
satisfechas. Ya no tenemos que vivir con miedo porque ya
no somos la víctima de nuestras historias ancestrales o culturales sobre la escasez, la intimidad, el envejecimiento o la
creatividad. Independientemente de lo que poseamos,
pasamos de la escasez a la abundancia, de haber sido expulsados del Edén a caminar con armonía sobre la tierra.
Vemos lo que todo el mundo ve, pero pensamos algo distinto respecto a ello. Pasamos a ser como los lirios del campo,
que ni se esfuerzan ni se fatigan, pero tienen todo lo que
necesitan. Es posible que tengamos que cumplir un horario
de trabajo, pero podemos vivir la vida del artista o del poeta, con muchos recursos creativos a nuestro alcance.

Muchos de los indígenas americanos que he conocido
sólo tienen un cuenco de sopa de maíz para cenar, pero son
profundamente generosos y conscientes de la abundancia
que existe en sus vidas. Un día le pregunté a mi maestro
Guardián de la Tierra: «¿Cómo puedes vivir en semejante
pobreza?». Después de todo, habitaba en la cima de una
montaña, lejos de las comodidades de la ciudad, y todas sus
posesiones cabían en un pequeño armario de una casa en
los Estados Unidos. Don Antonio me miró, desconcertado,

y luego señaló con la mano el paisaje que lo rodeaba, las montañas cubiertas de nieve y el río allá abajo, como diciendo: «Éstas son mis riquezas. ¿Cuál de nosotros es el pobre?».

Por otro lado, conozco a un hombre muy rico que vive con miedo de perder su dinero, no tiene amigos, está enemistado con sus hijos y no confía en nadie porque cree que la gente sólo quiere estar con él para tener acceso a su dinero. Está obsesionado con proteger su riqueza. A veces les ofrece dinero a algunas personas para sentirse mejor consigo mismo, pero luego se siente ofendido si no lo aceptan o si no lo usan como él quería. Es rencoroso, sospecha de todo el mundo y vive en un estado de escasez, sin experimentar nunca la paz o la abundancia.

Las cuatro prácticas siguientes constituyen el camino del héroe y te ayudarán a liberarte de tu historia. Son las siguientes: no juzgar, no sufrir, desapego y belleza.

LA PRÁCTICA DEL NO JUZGAR

Para practicar el no juzgar, debemos trascender nuestras limitadas creencias, incluso las que tenemos sobre el bien y el mal.

Le damos un sentido al mundo al juzgar las situaciones como «buenas» o «malas» de acuerdo a reglas definidas por nuestra cultura. Estas reglas constituyen nuestro código moral. Pero un Guardián de la Tierra es amoral. Eso no quiere decir que sea inmoral, sino que simplemente no se rige por tradiciones. El Guardián cree que es importante desprenderse de este tipo de juicios y mantener su capacidad de discernimiento.

Cuando practicas el no juzgar, te niegas a seguir automáticamente la opinión de los demás en cualquier situación. Al hacer esto, comienzas a tener un sentido de la ética que trasciende las tradiciones de nuestro tiempo. Esto es importante hoy en día, cuando las imágenes de los medios de comunicación se han convertido en algo más convincente que la realidad, y nuestros valores —libertad, amor, etcétera— son reducidos a eslóganes y palabras vacías.

Cuando te niegas a colaborar con la visión consensual, adquieres una perspectiva diferente. Descubres lo que la libertad significa para ti a nivel personal, y que no es lo que cuentan los políticos en sus bien ensayados discursos. Comprendes que la libertad es mucho más que poder elegir entre varios modelos de coche o entre las opciones de un menú.

Nuestros juicios son suposiciones que están basadas en lo que hemos aprendido y en lo que nos han contado. Por ejemplo, la mayoría de nosotros cree que el cáncer es siempre una enfermedad mortal, de modo que si el doctor nos dice que la padecemos, nos quedamos aterrorizados. Sin embargo, si practicamos el no juzgar, rechazamos la creencia automática de que esto significa que vamos a tener que luchar por nuestra vida. Podemos estar de acuerdo en seguir el tratamiento que nuestro médico recomienda, pero no aceptamos el hecho de que tenemos unas probabilidades de recuperación del 1 o del 99%. No calificamos nuestras posibilidades de supervivencia, sean éstas buenas o malas, ni tampoco les asignamos ningún número, porque eso sería entregar nuestro destino a las estadísticas. En lugar de eso, lidiamos con el problema que tenemos entre manos, no sólo desde el nivel literal de nuestro cuerpo, sino desde el nivel de percepción más elevado que podamos. Nos permitimos aceptar lo desconocido, junto con sus infinitas posibilidades.

Hace algunos años, por ejemplo, a un amigo mío se le diagnosticó cáncer de próstata. Afortunadamente, en esa época él vivía con un curandero, quien le dijo: «No tienes cáncer; tus radiografías sólo muestran algunas manchas que con el tiempo se curarán». Al cabo de un mes, esas manchas pudieron ser sanadas.

Si mi amigo hubiese calificado esas manchas como «cancerosas» y tejido una historia en torno a ellas, se habría convertido en un «paciente de cáncer». Si hubiese aceptado esta historia literal sobre su enfermedad, estaría condenado a convertirse en una estadística —en su caso, a formar parte del 40% de los pacientes que se cura o del 60% que no lo hace. Sus posibilidades se habrían reducido para convertirse en probabilidades, porque, al saber que llevaba las de perder, no habría sido capaz de imaginarse dentro del 40% de los que se curan. Por eso les enseño a mis alumnos a trabajar con sus clientes *antes* de que éstos reciban los resultados de la biopsia, antes de que las manchas que aparecen en las radiografías reciban un nombre y que la historia del «cáncer mortal» quede grabada en su mente y se convierta en una profecía que se cumple a sí misma.

Recientemente, una mujer llamada Alyce llamó para pedir una consulta con Marcela, que forma parte de nuestro personal. Alyce se había hecho una mamografía y se le había encontrado un bulto en un pecho. Marcela le preguntó si quería que comenzara a trabajar con ella antes de la biopsia, para intentar influenciar los resultados, o si prefería esperar hasta después. Alyce eligió la primera opción. A la semana siguiente, recibió una llamada de su médico. Éste le dijo que habían cometido un error: ¡habían confundido su mamografía con la de otra persona, y la suya era perfectamente normal! De modo que nuestras historias no sólo influyen en nuestra forma de ver la vida, sino también en el «mundo real» —en este caso, ¡curando una situación que ya había sucedido!

Siempre podemos crear una historia mítica en torno a nuestro viaje, una historia que nos ayude a crecer, a aprender y a curarnos. A fin de cuentas, es posible que no podamos alterar las manchas en una radiografía, pero sí curar nuestra alma y comenzar a educarnos por fin en las lecciones que hemos venido a aprender en este mundo. Nuestra lección puede ser ir más despacio y apreciar a las personas que nos rodean, dejar de aferrarnos a una existencia que hemos vivido como sonámbulos porque creímos que debíamos vivir nuestras vidas de una cierta forma; o, desde la perspectiva del colibrí, estas manchas pueden ser una llamada de advertencia para que hagamos los cambios que hemos estado evitando.

Hemos creado grandes historias en torno al cáncer, el sida y otras enfermedades, pero no en torno a otras dolencias.

Si el médico nos dice que tenemos un parásito, por ejemplo, la mayoría de nosotros no se pone a pensar en los millones de personas alrededor del mundo que mueren a causa de infecciones producidas por parásitos ni comienza a angustiarse con la idea de que va a morir. No hemos construido ninguna historia alrededor de esta enfermedad, aunque a menudo resulta ser fatal. Esto es en parte porque existe poco interés comercial o monetario en perpetuar estas historias. El tratamiento de las infecciones producidas por parásitos, aunque afectan a alrededor de dos mil millones de personas en todo el planeta, no es un gran negocio para las grandes compañías farmacéuticas, a diferencia del cáncer, el colesterol y las enfermedades cardíacas. Las historias de miedo ayudan a vender medicamentos.

Cuando no juzgas la enfermedad ni te dejas dominar por el miedo de que vas a morir, es más fácil que puedas percibirla desde un nivel más elevado y escribir una historia mítica. De modo que si tienes un parásito, podrás reconocerlo como la manifestación literal de la ira tóxica de otras personas que tú has interiorizado y personalizado. Alternativamente, podrías descubrir que te has desviado de tu camino y que estás viviendo una vida que es venenosa para ti.

Cuando practicamos el no juzgar, ya no padecemos enfermedades —tenemos oportunidades para la curación y el crecimiento—. Ya no sufrimos traumas pasados —tenemos acontecimientos que han moldeado nuestra personalidad—. No rechazamos los hechos —nos oponemos a la interpretación negativa de estos hechos y a la historia traumática que nos sentimos tentados a tejer en torno a ellos. Entonces creamos una historia de fuerza y compasión basada en estos hechos.

La revelación 1 se llama el camino del héroe porque los chamanes y curanderos más eficaces reconocen que ellos también han sido profundamente heridos en el pasado, y que a raíz de su curación han desarrollado una fuerte compasión por los que sufren. Con el tiempo, sus heridas se convirtieron en dones que les permitieron sentir más profundamente las cosas y mostrar más compasión por los demás. En otras palabras, ¿quién mejor para ayudar a un alcohólico que alguien que está en recuperación, que reconoce las mentiras que el alcohólico se dice a sí mismo y que conoce el coraje que hace falta para superar esta adicción? ¿Quién mejor para euxiliar a un hosco y colérico adolescente que un adulto cuya adolescencia estuvo marcada por la rebeldía, el resentimiento y la inseguridad, pero que ha conseguido curarse a sí mismo? Cuando alguien ya ha pasado por esas experiencias, es más fácil desprenderse de los juicios y las calificaciones, y centrarse en la curación.

LA PRÁCTICA DEL NO SUFRIR

La siguiente práctica es la del no sufrir, lo cual quiere decir no escribir historias sobre nuestro dolor. Aquí nos abrimos a la posibilidad de aprender directamente de la infinita sabiduría del universo —ya no necesitamos padecer las mismas desgracias una y otra vez—. Sin embargo, es imperativo que aprendamos nuestras lecciones o acabaremos perpetuando nuestra propia infelicidad. En Oriente, a esto se le llama romper el ciclo del karma y entrar en el *dharma*. Los laikas lo llaman practicar el «éxtasis».

El sufrimiento se produce cuando formas una historia en torno de los hechos. En algún momento, vas a perder a uno de tus padres, o a un ser querido o un empleo, y entonces podrás convertir este hecho en un relato tan dramático como desees. Por ejemplo, te puedes decir a ti mismo: «Ahora que ya no tengo madre, nadie va a cuidar de mí». Esto se convertirá en algo enorme, y los otros te verán siempre como «la persona que ha perdido a su madre».

A menudo decidimos lo importante que nuestra historia debería ser guiándonos por la opinión de los demás, de la misma forma que cuando un niño pequeño se cae, mira inmediatamente a su madre, como preguntando: «¿Cómo de grave ha sido esta caída? ¿De qué forma debo comportarme?». Luego crea una historia que se ajuste a la intensidad de la reacción de su madre. De la misma manera, nos rodeamos de amigos que se compadecen de nosotros; sin embargo, al hacer esto, les permitimos colaborar con nuestra historia de víctima, e incluso agrandarla. Puede que nos digan que no deberíamos estar irritados con nuestra situación; ¡deberíamos sentirnos furiosos! O puede que reconozcan que tenemos todo el derecho de sentirnos fatal o profundamente resentidos. En cualquier caso, con su aliento, creamos una historia dramática en que la gente se aprovecha de nosotros, no nos comprende y nos maltrata.

Buda vino a enseñarnos que aunque el sufrimiento es parte de la condición humana, no es necesario. Esto no quiere decir que el dolor no exista —el dolor es inevitable porque todos tenemos un sistema nervioso que siente el fuego y la pérdida—. Como les suelo decir a mis alumnos, si quieres comprender la diferencia entre el dolor y el sufrimiento, prueba lo siguiente: cuando te estés dando una agradable ducha caliente, gira la llave hacia la posición de frío, pero hazlo en dos etapas. Primero, coloca la mano sobre el grifo y nota cómo tu cuerpo se estremece en anticipación a lo que va a suceder —esto es *sufrimiento*—. Luego, cuando gires de golpe la llave hacia la posición de frío, lo que vas a experimentar es *dolor*. Como puedes ver, el sufrimiento y la angustia suceden cuando te pones a pensar en lo fría que va a estar el agua y lo mucho que te va a doler cuando la sientas golpeándote la piel.

Cuando un dentista administra un anestésico local, puede extraerte un diente y no vas a sentir el menor dolor. Sin embargo, sí sentirás una sensación de tracción o presión. Deberíamos ser capaces de relajarnos totalmente, conscientes de que no sentimos ningún dolor, pero nuestra mente comienza a pensar en la experiencia en cuestión: «Ése es el sonido del taladro, y ¡realmente me está sacando un diente!». Nos ponemos nerviosos y nos sentimos incómodos porque estamos creando una historia en torno a un dolor que ni siquiera estamos sintiendo.

Cuando practicas el no sufrir, aceptas los hechos de la vida y las lecciones que han venido a enseñarte. Si estos hechos son dolorosos, naturalmente vas a sentir ese dolor, pero no lo intensificas agravando la historia y diciéndote a ti mismo: «Esto es devastador. No puedo soportar el sufrimiento de vivir sin mi pareja. Es demasiado grande. Me va a destruir».

REVELACIÓN 1: EL CAMINO DEL HÉROE

Después de haber perdido a un ser querido, es natural que tus sentimientos de tristeza se activen de vez en cuando. Puedes experimentar esa pena y escribir un relato heroico en que el dolor sea una parte importante de tu curación, o una historia que te confirme como víctima y te condene a un sufrimiento aún mayor. Puedes pensar: «Yo lo amaba tanto... Él me dio tantas cosas buenas, y le estoy agradecido por eso. Fue maravilloso tener ese tipo de relación con otro ser humano, y me gustaría tener otra así algún día». O puedes seguir diciéndote a ti mismo: «No puedo creer que haya muerto. Es tan injusto... Nunca lo superaré». Como ya sabes, cada historia es una profecía que se cumple a sí misma. La primera promueve la curación, y la segunda, el sufrimiento. Una vez renuncies a aferrarte al sufrimiento, podrás dejar de aprender tus lecciones a través de traumas, conflictos y mala suerte — y serás capaz de comenzar a aprender directamente del conocimiento en sí.

LA PRÁCTICA DEL DESAPEGO

Para practicar el desapego, abandonamos los roles que hemos asumido y las etiquetas que nos definen. Aunque las nuevas historias puedan ser mucho más interesantes y productivas que las antiguas, nuestro objetivo consiste en dejar de identificarse con cualquier tipo de historia. Entonces nos convertimos en autorreferenciales —es decir, ya no necesitamos una fábula para definirnos o para descubrir quiénes somos—. Incluso los relatos arquetípicos de los dioses y las diosas de antaño ya no se aplican a nosotros, porque a fin de cuentas sus leyendas también son trágicas. Cuando nos despojemos de todas nuestras historias, con sus roles limitados e identidades restrictivas, y nos convirtamos en un misterio para nosotros mismos, estaremos practicando el desapego.

Durante muchos años, mi identidad en el mundo ha sido la de «chamán-curandero-antropólogo». Esta identidad es un dispositivo práctico para que el mundo me pueda percibir, pero no revela quién soy realmente —yo soy mucho más que esa identidad—. Como escribió Walt Whitman: «Muy bien, pues, me contradigo (soy amplio, contengo multitudes)». Hace algunos años, me identifiqué con la caracterización de mí mismo que aparecía en mis primeros libros, la de explorador. En una reseña literaria, el *New York Times* incluso se había referido a mí como el «Indiana Jones de la antropología». Me identifiqué tanto con este personaje que se convirtió en algo limitante y unidimensional.

Cuando cumplí cuarenta años, el encasillamiento en el papel de joven antropólogo se convirtió en algo ridículo, y el intrépido aventurero que había en mí estaba bastante agotado. Al rechazar esta definición de mí mismo, pude abrirme a otros aspectos de mi ser. Descubrí que aunque siempre estaré aprendiendo, también soy un maestro, y hoy en día enseño a otros las prácticas chamánicas y el arte de curar. Las aventuras que emprendo hoy en día pertenecen al espíritu y ya no transcurren en las selvas del Amazonas.

El mundo nos asigna a todos unas prácticas etiquetas para describir cómo se nos percibe principalmente: *madre trabajadora, activista social, alcohólico en recuperación, vicepresidente,*

REVELACIÓN 1: EL CAMINO DEL HÉROE

asistente, etcétera. El problema comienza cuando creemos que la etiqueta abarca todo lo que somos y dicta cómo debemos ser. Pensamos que debemos tener una cierta serie de intereses, creencias y comportamientos si vamos a ser Indiana Jones, y nos sentimos confusos, avergonzados o frustrados cuando vemos que pensamos, sentimos o actuamos de una manera completamente distinta.

En muchas tradiciones espirituales, para convertirte en monje o en monja tienes que despojarte de tu bonita ropa, afeitarte la cabeza, y usar un atuendo simple y barato que impida que seas percibido como una persona importante. Estás obligado a encontrar tus puntos de referencia interna en lugar de externamente. Nadie sabe quiénes eran tus padres, lo que has logrado en esta vida o lo que tus amigos piensan de ti. Vas más allá del ego o de la personalidad, y descubres un yo que no puede definirse fácilmente. Abandonas tu apego al mundo material y psicológico —incluso al mundo espiritual, si sigues de verdad el dogma— y tu punto de referencia ya no es tu ego, sino tu divinidad. Te desprendes de las etiquetas que has creado para ti mismo o que has dejado que otros creen para ti.

El desapego requiere no sólo que te desprendas de tus roles y tus historias, sino también de la parte de ti mismo que se identifica con estos dramas. Cuando dejes de asociar tu ego a la pequeña identidad de esposo, niño, estudiante, maestro, etcétera, podrás desprenderte de las nociones preconcebidas sobre quién eres, y dejarás de preocuparte de si tus acciones agradan o desagradan a los demás. Dejas de necesitar la aprobación del resto y ya no te angustias cuando no la recibes. Eres libre para ser quienquiera que desees ser.

LA PRÁCTICA DE LA BELLEZA

La práctica de la belleza consiste en percibir la hermosura incluso cuando existe fealdad. Por ejemplo, en lugar de pensar que nuestro compañero de trabajo es un quejica insoportable, podemos percibirlo desde el nivel del colibrí y reconocer que es un símbolo perfecto de nuestra necesidad de aprender a cómo no personalizar la infelicidad de los otros. Cuando se acerque a nuestro cubículo para decirnos que nos hemos olvidado un pequeño detalle en el informe, insistiendo que el documento es un desastre y que tenemos que reescribirlo, reconocemos que es nuestro maestro. Y aunque nuestras mentes siempre nos dirán: «Menudo imbécil», recordamos lo que se supone que debíamos aprender: no reaccionar de forma exagerada a la crítica, no ponerse a la defensiva, permanecer centrado en lugar de angustiarnos porque alguien se sienta furioso —y ya no deberíamos necesitar a un imbécil para que nos lo enseñe—. Entonces podemos sonreír y llenar ese momento con algo de belleza... y después de eso, ¡podemos analizar por qué nos encontramos en la misma clase que los que son lentos para aprender!

«Belleza delante de mí, belleza detrás de mí, belleza a mi alrededor» —estas palabras pertenecen a una oración navajo de gratitud, y las pronuncia una persona que sólo ve belleza en este mundo—. En otras palabras, debemos percibir lo que es hermoso en los lugares más inesperados, y llevar belleza hasta donde hay fealdad. Por ejemplo, recientemente fui a una exposición y vi unos cuadros de un artista que estaba fascinado por los callejones oscuros. Sus lienzos de lugares que generalmente asociamos con el miedo, el peligro, la suciedad y la soledad estaban llenos de energía y colorido. Cuando pintaba, era evidente que estaba practicando la belleza.

En lugar de buscar la fealdad y la pobreza, percibe la belleza que te rodea. Pon flores en tu casa. Dile una palabra amable a un colega. Levántale el ánimo a un amigo. Cuando llegas al aeropuerto y compruebas que todos los vuelos que van a tu destino han sido cancelados debido al mal tiempo, lo que significa que vas a pasar el día de Acción de Gracias allí, puedes indignarte o puedes elevar tu nivel de percepción y percibir la belleza del momento. La gente con la que vas a estar en el aeropuerto, con la que te vas a quejar de tu suerte y reírte de lo que ha pasado va a ayudarte a pasar un día de Acción de Gracias memorable, si te abres a esa posibilidad. De modo que percibe la belleza en cualquier situación, y encuentra el regalo que te ha hecho el Espíritu. Cuando intentas percibir la belleza que hay a tu alrededor, ella te va a buscar y te va a encontrar incluso en los lugares más inesperados... y estarás en camino de convertirte en un héroe.

EL CAMINO DEL GUERRERO LUMINOSO

Ser un guerrero luminoso es descubrir el poder de la ausencia de miedo.

Durante la época de la conquista, había un grupo de guerreros laikas que eran temidos por los españoles. Según la leyenda, era imposible matar a estos guerreros —incluso cuando los conquistadores les disparaban de cerca con sus mosquetes, las balas no encontraban el blanco.

Los guerreros laikas eran los samuráis de América, y creían que si el miedo habita en tu interior, es como si ya estuvieras muerto. La bala que temes te encontrará. Sin embargo, si te conviertes en un guerrero luminoso, podrás participar en la batalla y evitar la derrota. No tendrás enemigos que te odien y deseen matarte; sólo adversarios, que, por razones que no tienen nada que ver contigo, podrán estar apuntándote con sus armas.

Cuando estos laikas le quitaban la vida a un adversario especialmente honorable, derramaban un poco de su propia sangre sobre la tierra, porque sabían que en cualquier otro momento de la historia, ellos y aquel al que habían matado podrían estar compartiendo historias alrededor de una hoguera. No estoy diciendo que estos guerreros nunca sintieran miedo, sino que éste no los afectaba. Su amor irradiaba con tanta fuerza que no había en ellos lugar para la oscuridad ni para la preocupación por lo que podría suceder. Vivían con libertad y ausencia de miedo, y por eso la muerte no podía encontrarlos.

Cuando nos convertimos en guerreros luminosos, reconocemos que nuestro trabajo consiste en utilizar el amor para derrotar a su opuesto —y su opuesto no es el odio, sino el miedo—. El miedo es la ausencia del amor de la misma forma que la oscuridad es la ausencia de la luz. Nos desconecta del Espíritu, de la naturaleza y de nuestro propio yo interior. Nuestro reto es librarnos de él y de la oscuridad abrazando el amor y su luz. La segunda revelación nos enseña a blandir una espada de luz y a disipar para siempre la oscuridad.

El miedo es una falsedad que aparece como real —es decir, cuando nos centramos en aquello que tememos, potenciamos la falsedad y la convertimos en una realidad. Nos olvidamos de que no puede ser eliminado mediante la comprensión de las razones para sentirlo, al igual que el hambre no puede eliminarse empleando la comprensión de sus motivos. Por eso la mayoría de las terapias que se centran en ayudarnos a comprender los orígenes de nuestro miedo son tan ineficaces para librarnos para siempre de él y para curarnos a nosotros mismos.

A menudo confundimos el amor con una cálida sensación en la barriga o con algo que podemos dar y quitar a nuestro antojo. Es fácil extender nuestro amor hacia las personas que son adorables, pero amar a la gente y las situaciones que no son de nuestro agrado ya no es tan sencillo. Damos nuestro amor «incondicionalmente», pero cuando no recibimos lo que creemos merecer, lo retiramos. Luego lo invertimos en otra persona o situación que creemos nos va a ofrecer un mejor rendimiento, pero nos resulta difícil mantenerlo cuando no nos sentimos apreciados. Si las cosas no funcionan de la forma que esperábamos, cambiamos rápidamente nuestros sentimientos de amor por odio y resentimiento. Nuestro entusiasmo inicial por un nuevo trabajo, por ejemplo, puede agriarse y convertirse en decepción y amargura. Cuando la persona amada nos rechaza, la pasión que sentíamos se puede convertir en un odio tan grande que nos consume totalmente.

Para un Guardián de la Tierra, el amor no es un sentimiento o algo que se pueda dar y quitar. Es la esencia de tu ser, y se irradia a partir de ti como un aura brillante: te conviertes en amor, practicas la ausencia de miedo y alcanzas la iluminación.

DE LA OSCURIDAD A LA LUZ

Buda nos mostró el camino de la iluminación y nos enseñó a seguir nuestra propia luz para poder liberarnos del sufrimiento. Cristo estaba rodeado por una luz cegadora cuando fue bautizado en el río Jordán. Y los narradores andinos recuerdan al inca Pachacuti, considerado el hijo del sol, que resplandecía con la luz del amanecer. Estos maestros nos dejaron el mensaje de que somos capaces de cosas aún más grandes que las que ellos hicieron —nosotros también podemos acceder a esta luz y eliminar la oscuridad de nuestras vidas.

Aunque la luz del amor contra la oscuridad del miedo pueda parecer una simple metáfora o algo característico de la mitología, existe de hecho una base científica para esta idea universal. Los científicos saben que todos los seres vivos están hechos de luz: las plantas la reciben del sol y la convierten en vida, y los animales comen plantas verdes que se alimentan de ella. La luz es la base fundamental de la vida, y estamos hechos de luz que ha sido compactada en materia viva. Además, los biólogos han descubierto que todas las células vivas emiten fotones de luz a razón de cien destellos por segundo. La fuente de esta emisión de fotones es el ADN.

Al igual que la luz del amor es real, también lo es la oscuridad del miedo que se halla almacenado en cada célula de nuestros cuerpos, quizá incluso eclipsando la luz de nuestro ADN. La falsa evidencia que percibimos como real es lo suficientemente fuerte para oscurecer cada uno de nuestros pensamientos y afectar a todas nuestras interacciones. Se alimenta a sí misma y puede comenzar a desafiar la racionalidad, mientras nos preocupamos interminablemente sobre qué desgracias nos pueden ocurrir.

El miedo crea una realidad sombría. Como vimos antes, las profecías se cumplen a sí mismas —lo que nos da más miedo es lo que estará esperándonos a la vuelta de la esquina—. No tiene nada de malo ser cauteloso, pero el miedo nos impide crecer y nos mantiene repitiendo las lecciones que nos dan el sufrimiento y el trauma en lugar de las que nos ofrece la experiencia de nuestro propio resplandor.

El miedo obstruye y distorsiona nuestra naturaleza luminosa. La ausencia de miedo, que es la práctica principal del guerrero luminoso, nos permite experimentar nuestra luz y nuestra iluminación.

ATRAPADO EN LA RESPUESTA DE MIEDO

El susto, o el sobresalto, es parte de un sistema que nos permite reaccionar instintivamente ante el peligro. El susto es distinto al miedo y tiene una función para nuestra supervivencia. Una vez el peligro ha pasado, el susto desaparece. Nuestros instintos están diseñados para que durante un estado de estrés extremo se active nuestra respuesta de lucha o huida: nuestras glándulas inyectan adrenalina en la sangre, nuestros niveles de azúcar suben, y disponemos de la energía para afrontar el peligro o para huir de él.

Recuerdo la vez que vi, en una reserva animal de África, a un antílope perseguido por una leona. En su intento por escapar, el animal llegó a una laguna, vaciló un momento y luego se lanzó a correr por la parte menos profunda. En ese momento, un cocodrilo emergió del agua como un torpedo y casi atrapa al antílope. Una vez que consiguió llegar sano y salvo al otro lado, el antílope se sacudió de los pies a la cabeza durante unos segundos, y luego volvió a pastar tranquilamente. Después de un acontecimiento estresante, los animales reajustan naturalmente su sistema nervioso al estado normal-pero-alerta; por desgracia, los humanos hemos perdido nuestra capacidad para salir rápidamente del estado de sobresalto.

El reflejo del moro, que se encuentra en los recién nacidos, muestra cómo funciona esta capacidad para sacudirse de encima el susto. Este reflejo se observa mejor cuando el bebé se encuentra boca arriba sobre un cojín, y su cabeza está levemente levantada. Si le sueltas de repente la cabeza y dejas que caiga hacia atrás antes de volver a sostenérsela, el bebé echará los brazos hacia los lados con las palmas hacia arriba. Cuando el reflejo termine, acercará los brazos al cuerpo, y luego se relajará y se estremecerá levemente. Desgraciadamente, el reflejo del moro disminuye en los humanos después de los primeros meses de vida.

El susto es instintivo, mientras que el miedo es una respuesta aprendida. Aprendemos que «los hombres son peligrosos» o que «las relaciones son poco seguras». Nuestros sentimientos desencadenan nuestro instinto de lucha o huida —sin embargo, al mismo tiempo intentamos inhibirlo porque anhelamos la intimidad—. Es como apretar el acelerador mientras pisamos el freno.

El problema reside en que vivimos en un constante estado de lucha o huida que se ha quedado paralizado. Estamos atrapados en un atasco, frustrados porque no podemos ni movernos ni volcar nuestra agresión sobre el idiota que está delante de nosotros. Llegamos a casa después de un largo día de trabajo y perdemos los nervios con nuestra pareja o nuestros hijos a causa de algo que sucedió en la oficina. Nos hallamos continuamente en estado de alerta roja, con la adrenalina a tope debido a nuestro constante estrés. Ya no tenemos la capacidad de sacárnoslo de encima, como el antílope o el recién nacido. Por lo tanto, el cortisol es liberado en nuestro torrente sanguíneo, y esto causa estragos en nuestros órganos y células.

No existe nada tan letal para nuestro organismo como unos niveles elevados de cortisol, una sustancia que es tóxica para el cerebro. Además de destruir las neuronas, esta hormona esteroide sustenta las vías neurales encargadas de volver a reproducir los acontecimientos pasados que nos han hecho sufrir. Una vez el antílope está fuera de peligro y se ha quitado el susto de encima, vuelve a pastar tranquilamente. Pero una vez que *nosotros* estamos fuera de peligro, continuamos reproduciendo mentalmente lo ocurrido, pensando en cómo todo podría haber salido de otra forma si sólo hubiésemos sido más fuertes, duros o agresivos, o si hubiésemos luchado más. Esto sucede porque el cerebro humano es incapaz de diferenciar entre un factor estresante real (como cuando alguien te insulta) y uno recordado (como cuando reproduces mentalmente la última vez que alguien te insultó). El cerebro responde a los factores estresantes tanto reales como imaginarios desencadenando la respuesta de lucha o huida.

Recuerdo la primera vez que hice una expedición por la jungla. Estaba solo y no pude dormir durante toda la noche, convencido de que cada sonido que oía, cada crujido de ramas significaba que un jaguar estaba al acecho. Yo sabía que el jaguar era un animal extremadamente silencioso, y que probablemente no lo oiría aunque se encontrase justo detrás de mí. Pero me dejé dominar por el miedo, y fui incapaz de apreciar la belleza de esa primera noche solo bajo las estrellas y junto a la orilla del río de la Madre de Dios. Entonces era demasiado joven para reconocer que todo mi miedo no era más que falsas evidencias que confundía con la realidad.

Incluso cuando te esfuerzas por controlar el estrés, tiendes a activar esa respuesta de lucha o huida demasiado a menudo. Piensa en cómo te alteras y se te dispara el corazón cuando crees haber perdido la billetera o las llaves. O piensa en cómo te angustias al ver un programa de televisión sobre cómo una planta nuclear cercana puede sufrir un ataque terrorista o sobre los peligros de un nuevo y letal virus. Todos nosotros estamos tan acostumbrados a recibir este tipo de informaciones angustiosas durante la cena o mientras revisamos el correo que no nos damos cuenta de la reacción física y química que produce en nosotros.

Médicamente, esto es conocido como *respuesta exagerada de sobresalto*: nuestro sistema nervioso simpático se activa, desencadenando la liberación de adrenalina, cortisol y azúcar en el torrente sanguíneo, pero esto no viene seguido de una respuesta de relajación. No podemos quitarnos de la cabeza el peligro percibido, e incluso después de que el estrés inicial ha disminuido en parte, seguimos en estado de alerta. De hecho, éste es uno de los síntomas del trastorno de estrés postraumático (TEPT). El TEPT es generalmente duradero; de hecho, muchos veteranos de la Segunda Guerra Mundial que ya tienen más de ochenta años lo siguen experimentando. En nuestra escuela Healing the Light Body, les enseño a los alumnos cómo desactivar el sistema de lucha o huida, un sistema que puede haberse activado hace cuarenta años cuando casi fueron atropellados por un coche mientras paseaban en bicicleta.

Cuando nuestro sistema de alerta está bloqueado en la posición *activado*, crea una banda de energía sobre el segundo chakra, acelerándolo y sobrecargando nuestras glándulas suprarrenales (el segundo chakra está asociado a las glándulas suprarrenales y a la producción de adrenalina). Cuando liberamos esta onda energética, podemos reajustar el segundo chakra para que en lugar de girar a ciento sesenta kilómetros por hora, pulse al pausado ritmo del corazón.

Recuerdo haber ayudado a uno de mis alumnos, un médico que trabajaba en urgencias, a desconectar esta banda de energía. Un tiempo después, me dijo que había sido capaz de relajarse profundamente por primera vez en muchos años, pero le preocupaba no poder rendir de la manera adecuada en el entorno estresante de urgencias. Estaba tan acostumbrado a vivir en un estado de lucha o huida que no podía imaginarse a sí mismo funcionando en un estado de relajación —sin embargo, cuando regresó a urgencias, comprobó que estaba más concentrado y era más productivo que cuando lo impulsaba el estrés.

EL MIEDO NÚMERO UNO

Por encima de nuestras otras preocupaciones —desde perder nuestro dinero o trabajo a ser rechazados por la gente que apreciamos— nuestro mayor temor es el de la aniquilación, un miedo mayor que el que sentimos por la muerte. De hecho, es tan poderoso que lo almacenamos en nuestro campo de energía luminosa a lo largo de nuestras muchas encarnaciones.

Aunque hemos experimentado el nacimiento y la muerte múltiples veces, el final de la vida nos da miedo porque lo consideramos una experiencia terminal. Sí, nos preocupa el dolor físico que podamos sentir y la pérdida emocional de los seres queridos, pero lo que más nos aterra es la aniquilación de nuestro ego. El ego siempre luchará desesperadamente por su existencia, pues le aterra la idea de ser absorbido por algo mayor que él mismo.

Cuando nos identificamos con nuestro ego, nos preocupa su desaparición. Y esta desaparición se producirá a la hora de nuestra muerte. Pero cuando nos identificamos con nuestra alma —que no está sujeta a las leyes del tiempo y, por lo tanto, es eterna— nuestro miedo se disuelve. Reconocemos que la verdadera muerte es lo que nos sucede cuando comenzamos a caminar como sonámbulos por la vida, sin destino alguno, existiendo sin vivir realmente.

La muerte física es inevitable, aunque los laikas creen que podemos influir en sus circunstancias e incluso determinar el lugar y el momento en que ocurrirá. Sin embargo, la muerte espiritual, el hecho de convertirnos en muertos ambulantes es algo que podemos y debemos evitar. Creo que este tipo de «muerte en vida» debilita nuestra luz e inhibe la capacidad del ADN para reparar el cuerpo, haciendo que sucumbamos a enfermedades físicas y emocionales. De modo que aunque nosotros creamos que existen muchas causas que llevan a la muerte, los laikas piensan que en el fondo sólo hay una causa —la oscuridad del miedo, que penetra en nuestras células y tejidos.

Cada año hago una expedición con algunos de mis alumnos a una montaña de los Andes donde los laikas se reúnen para sus ceremonias de iniciación. Al principio de la excursión, cada uno de nosotros selecciona una piedra para llevar en el bolsillo, sobre la que meditar durante la caminata. Les pido a mis alumnos que se detengan en el camino para «insuflarle» a la piedra los recuerdos de la muerte de sus padres y abuelos, así como que recuerden las veces que se han sentido sin vida. Cuando llegamos a nuestro destino, un transparente y hermoso lago que los chamanes llaman la laguna del Jaguar, celebramos una ceremonia durante la cual todos lanzamos nuestras piedras al agua. Hacemos esto desde el nivel del colibrí, para liberarnos de la muerte que ha sido elegida para nosotros por nuestros genes, padres o estilo de vida. Cortamos los lazos energéticos que nos obligan a revivir la forma en que nuestros antepasados vivieron o murieron.

Más tarde suelo decirles a los miembros de nuestra expedición que si estuviésemos en una sala con cien personas, las estadísticas demuestran que treinta y una de ellas morirían de enfermedades del corazón, veinticuatro de cáncer y sólo una de ellas como a nosotros nos gustaría morir —¡quizá a la edad de ciento diez años y haciendo el amor! Desde luego, todos queremos una muerte así, pero las probabilidades están en nuestra contra.

Creemos vivir en un universo hostil y peligroso donde la muerte acecha en cada esquina: microbios invisibles, cánceres, alimentos tóxicos, aguas envenenadas... Sí, todos experimentaremos la muerte física, y nos preguntamos cómo y cuándo se va a producir. Aunque no seamos conscientes de ello, cada uno de nosotros ha elegido morir de una determinada manera, al optar por nacer en la familia en la que hemos nacido, al haber heredado los genes de esa familia y al haber preferido un cierto estilo de vida para nosotros mismos. Aunque las estadísticas indiquen que todos moriremos, la buena noticia es que podemos liberarnos de las probabilidades y de la muerte preseleccionada para nosotros por nuestros genes y nuestro karma.

Cuando sentimos que la muerte está al acecho, vivimos en la escasez en lugar de en la abundancia, y nuestro vaso siempre está medio vacío. Al actuar desde el miedo, aceptamos la creencia de que tengo que *cuidar de mí mismo porque nadie más lo va a hacer*. Perdemos nuestra fe y dejamos de confiar en que el Espíritu cuide de nosotros. Nos desconectamos de los demás, de nosotros mismos y de lo sagrado, y vemos que estamos solos. Olvidamos los grandes recursos que tenemos a nuestra disposición cuando estamos en contacto con la divinidad. Al percibirlo todo desde el nivel de la serpiente o del jaguar, nunca desde el del colibrí o del águila, quedamos atrapados en nuestras historias —estamos o bien viviendo en el pasado y deseando que las cosas hubiesen sido distintas o centrándonos en el futuro y deseando poder controlarlo—. Nunca estamos plenamente presentes en el momento. Cuando vivimos así, nos convertimos en muertos ambulantes.

La liberación de la muerte que te acecha

Una vez te has desecho de la muerte que ha sido elegida para ti, puedes desprenderte de las muchas historias que te han sido asignadas por tu cultura, raza, género y educación. Como modificas el punto final, todos los pasos intermedios desaparecen. Por ejemplo, cuando te deshaces de la muerte que aguarda a la persona emprendedora y ambiciosa que fuma, bebe y nunca hace ejercicio, llevar una vida saludable te resultará algo natural porque ya no te dirigirás rumbo al inevitable ataque al corazón. Cambiarás de hecho el final de tu vida (algo que aprenderás a hacer utilizando los ejercicios del final de este capítulo), y esto alterará el camino que estás siguiendo. Tu futuro se dará la vuelta y, como una gran mano, te arrastrará en una dirección distinta y más sana.

Ya no tendrás que luchar sin éxito con las dietas, el ejercicio o el estrés (aunque deberás prestarle atención a estos temas) porque tu línea vital habrá tomado otra dirección. Si aprendes a vivir como un guerrero luminoso, sabrás que después de la muerte sólo hay vida. Podrás liberarte del miedo la muerte y exorcizar la apatía que se ha apoderado de tus articulaciones, tejidos y músculos. Tu cuerpo será más ágil y tu vitalidad regresará.

Quizá conoces alguna persona de edad que ama la vida y parece mucho más joven que algunos de los cínicos y desencantados jóvenes que nos rodean. Y todos sabemos de gente que se ha ido muriendo poco a poco hasta que al final anda por la vida más muerta que viva, gente que vive en un universo hostil y depredador contra el que hay que luchar y al que hay que mantener a raya continuamente. Cuando nos damos cuenta de que vivimos en el paraíso e intentamos estar en *ayni*, descubrimos que el universo no sólo es benigno sino que, además, va a hacer todo lo posible por ayudarnos. Nos sentimos plenamente vivos y asombrados ante lo que el universo nos ha dado.

El reto, pues, consiste en deshacerte de tu miedo y darle entrada al amor. La manera de hacerlo es enfrentarse a la muerte en el nivel energético en lugar de en el literal —en otras palabras, en el nivel del águila y no en el de la serpiente—. Quieres afrontar esta muerte como un paso sagrado y no como un acontecimiento catastrófico en la sala de urgencias de un hospital. Puedes experimentarla y dejarla ir para que ya no vuelva a acecharte; y más adelante, en este capítulo, conocerás las prácticas de la ausencia de miedo, de la no acción, de la certeza,y del no enfrentamiento que te permitirán estar plenamente vivo, para que la muerte no pueda acecharte nunca más.

CONTEMPLAR LA INFINIDAD
DESDE EL NIVEL DEL ÁGUILA

La muerte en el nivel físico (serpiente) quiere decir que tu corazón deja de latir y que cesan tus ondas cerebrales. En el de la mente (jaguar), el resultado es que pierdes tu sentido de identidad. En el del alma (colibrí), la muerte del cuerpo significa el comienzo de un viaje hacia otra familia, otro cuerpo y otra vida.

Cuando llega la muerte física, prácticamente no hay ninguna interrupción: en el nivel del Espíritu sigues experimentándote a ti mismo como una energía consciente que reside fuera del tiempo. Reconoces tu propia infinitud y que la muerte no es más que un cambio de piel —una transición de una forma a otra, una nueva aventura—. Por lo tanto, la muerte deja de ser una experiencia terminal y amenazadora.

Después de la muerte física, abandonas el mundo físico y entras en el invisible. Tu alma regresa al río de la conciencia universal, del Espíritu. Conservas tus recuerdos, pero éstos se hallan en tu subconsciente, así que no eres consciente de ellos. Estos recuerdos son codificados en tu octavo chakra y, cuando te reencarnas, se alojan en tu campo de energía luminosa y en tus células y tejidos.

Podemos revivir estos recuerdos cuando realizamos una regresión a vidas pasadas, que es justamente el ejercicio que vamos a ver a continuación. Pero no deberíamos prestarles demasiada atención porque son simplemente más historias, y no demasiado interesantes. Más bien, nuestro objetivo debería ser ayudar a todos esos seres que fuimos alguna vez a morir concientemente para que podamos liberarnos del miedo y del karma de esas vidas anteriores.

El siguiente ejercicio te permitirá curar las huellas que estas muertes anteriores han dejado en tu matriz luminosa, liberándote de los errores del pasado y de la forma en que moriste. Lograrás esto viajando a tres determinadas vidas anteriores para ayudar a la persona que fuiste a experimentar estas muertes apaciblemente. Te perdonarás a ti mismo y a todos los que te rodean; aprenderás a hacer una última, profunda y purificadora respiración, y seguirás a tu alma mientras regresa a su hogar en el mundo del Espíritu, intacta. Le pondrás un punto final a esa vida al curar los últimos cinco minutos de esa existencia.

Cuando puedas transitar conscientemente y sin miedo a través del umbral de la muerte y descubrir que sólo existe vida, amor y perdón en el otro lado... ya no traerás contigo ningún karma ni ningún asunto pendiente. Por favor, ten en cuenta que aunque hayas vivido muchas vidas antes que ésta, no necesitas regresar a cada una de ellas para limpiar todos sus recuerdos —sólo precisas trabajar con las tres vidas que tengan los recuerdos más poderosos. El resto de tus experiencias de vidas anteriores se disolverá por sí mismo, puesto que ya no existirán las sedes receptoras del miedo que te ligaban a ellas. Las vidas pasadas con las que vas a trabajar serán las siguientes: aquella en la que más has sufrido, aquella en que más poder y conocimiento tuviste pero hiciste mal uso de ellos, y aquella en que más poder y conocimiento tuviste, y los usaste para ayudar a los demás.

Para los laikas, éste no es sólo un ejercicio de imaginación activa, porque comprenden que todos podemos viajar a nuestras vidas anteriores para resolver acontecimientos que sucedieron en el pasado. Tus yoes anteriores escucharán una voz angélica diciéndoles que todo está perdonado, y esto les permitirá regresar apaciblemente a casa. El ángel eres tú mismo regresando al pasado para curarte.

EJERCICIO: QUEMANDO EL KARMA DE TRES VIDAS ANTERIORES

(Nota: por favor lee este ejercicio algunas veces antes de realizarlo, o grábalo en una cinta para que puedas usarla en cualquier momento.)

Siéntate cómodamente, cierra los ojos y coloca las manos en posición de plegaria sobre el corazón. Muy lentamente, extiende los brazos hacia arriba, con las palmas de las manos juntas, por encima de la cabeza. Luego sigue subiendo hasta tu octavo chakra y expande este «sol» radiante para que envuelva todo tu cuerpo, abriendo los brazos hacia los lados como un pavo real que despliega sus alas. Acabas de abrir un espacio sagrado.

Vuelve a situar las manos sobre tu regazo. Realiza el «ejercicio de la pequeña muerte», que consiste en inspirar mientras cuentas hasta siete, contener la respiración mientras cuentas hasta siete y espirar mientras cuentas hasta siete. Haz esto diez veces.

Totalmente relajado, y respirando lenta y profundamente, imagínate que te encuentras en un pequeño cañón en el desierto, rodeado por altas murallas de rocas rojas. Estás sentado sobre una roca al borde de una laguna tan cristalina que puedes ver su fondo arenoso. A tu lado hay tres piedras de colores: una negra que evocará la vida anterior en que más has sufrido, una roja que te permitirá contemplar la vida anterior en que más poder y conocimiento tuviste pero hiciste mal uso de ellos, y una amarilla que te revelará la vida anterior en que más poder y conocimiento tuviste, y lo usaste en beneficio de los demás.

Coge la piedra negra con la mano, apriétala fuerte y luego déjala caer en la laguna. Observa cómo golpea el agua y crea ondas que se expanden por la superficie. Centra la mirada en las ondas y deja que se formen las imágenes correspondientes a esa vida anterior. ¿Eres un hombre o una mujer? ¿De qué color es tu piel? ¿Qué año es? ¿Qué tipo de superficie hay bajo tus pies: adoquines, arena o tierra? ¿Llevas zapatos o sandalias, o quizá estás descalzo? ¿Dónde vives? ¿Cómo es tu familia? ¿Dónde está tu familia? Deja que tu vida anterior se despliegue ante ti y obsérvala con desapego. Haz esto durante un rato.

Respira profundamente y vuelve a experimentar los últimos cinco minutos de esa vida que un día fue tuya, pero que ya no lo es. Habla con tu antiguo yo y ayúdalo a morir en paz. Dile: «No te preocupes, amigo mío. Todo está perdonado. Es hora de volver a casa. Exhala tu último aliento y libera tu espíritu».

Observa cómo el rostro de la persona que fuiste un día adquiere una apariencia de paz y serenidad en el momento en que exhala su último aliento. Sigue al orbe luminoso de tu alma a medida que abandona tu cuerpo y se eleva por encima de la habitación y de la casa donde te encuentras. Percibe cómo tu alma atraviesa el oscuro túnel que ha de llevarla hasta la luz del Espíritu. Y, al llegar a la luz, siente cómo tus padres luminosos te dan la bienvenida.

Ahora observa cómo estas imágenes se disuelven nuevamente en la arena del tiempo del fondo de esa laguna, hasta que la superficie vuelve a quedar cristalina. Respira profundamente y coge la piedra roja, que evocará la vida anterior en que más tenías conocimiento y poder, pero hiciste mal uso de ellos. Apriétala en la mano, déjala caer en la laguna y observa cómo golpea el agua. Centra la mirada en las ondas y deja que se formen las imágenes correspondientes a esa vida anterior. ¿Eres un hombre o una mujer? ¿De qué color es tu piel? ¿Qué tipo de superficie hay bajo tus pies: adoquines, arena o tierra? ¿Vives en una aldea o en una ciudad? ¿Dónde está tu familia? ¿Qué año es?

Continúa observando: ¿cómo creciste? ¿Cuáles eran tus dones y talentos? ¿Quién te educó? ¿Cómo usaste tus conocimientos? ¿De qué forma hiciste mal uso de tu poder? ¿Qué les sucedió a tus seres queridos? ¿Cómo fue tu vejez? ¿Con quién te casaste? ¿Quiénes fueron tus hijos? ¿Cómo moriste? ¿Quién estaba a tu lado a la hora de tu muerte? ¿A quién no perdonaste? ¿Quién no te perdonó?

Ahora vuelve a experimentar los últimos cinco minutos de esa vida que un día fue tuya, pero que ya no lo es. Habla con tu antiguo yo y ayúdalo a morir en paz. De nuevo dile: «No te preocupes, amigo mío. Todo está perdonado. Es hora de volver a casa. Exhala tu último aliento y libera tu espíritu».

Observa cómo el rostro de la persona que fuiste un día adquiere una apariencia de paz y serenidad en el momento en que exhala su último aliento. Sigue al orbe luminoso de tu alma a medida que abandona tu cuerpo y se eleva por encima de la habitación y de la casa donde te encuentras. Observa cómo tu alma atraviesa el oscuro túnel que ha de llevarla hasta la luz del Espíritu. Y, al llegar a la luz, siente cómo tus padres luminosos te dan la bienvenida.

Ahora observa cómo estas imágenes se disuelven nuevamente en la arena del tiempo del fondo de esa laguna, hasta que la superficie vuelve a quedar cristalina. Respira profundamente y coge la piedra amarilla, la piedra que va a evocar la vida anterior en que más tuviste sabiduría y poder e hiciste un buen uso de ellos. Observa cómo cae en el agua. Centra la mirada en las ondas y deja que se formen las imágenes correspondientes a esa vida anterior. ¿Eres un hombre o una mujer? ¿De qué color es tu piel? ¿Llevas zapatos o sandalias, o quizá andas descalzo? ¿Vives en una aldea o en una ciudad? ¿Dónde está tu familia? ¿Qué año es? ¿Cómo creciste? ¿Cuáles eran tus dones? ¿Quién te educó? ¿A quién ayudaste? ¿Cómo ayudaste? ¿A quién amaste? ¿Cuáles eran tus talentos? ¿Cómo envejeciste? ¿Qué homenajes recibiste? ¿Cómo moriste? ¿Quién estaba a tu lado en el momento de tu muerte?

Ahora vuelve a experimentar los últimos cinco minutos de esa vida que un día fue tuya, pero que ya no lo es. Habla con tu antiguo yo y ayúdalo a morir en paz. Dile: «No te preocupes, amigo mío. Todo está perdonado. Es hora de volver a casa. Exhala tu último aliento y libera tu espíritu».

Observa cómo el rostro de la persona que fuiste un día adquiere una apariencia de paz y serenidad en el momento en que exhala su último aliento. Sigue al orbe luminoso de tu alma a medida que abandona tu cuerpo y se eleva por encima de la habitación y de la casa donde te encuentras. Observa cómo tu alma atraviesa el oscuro túnel que ha de llevarla hasta la luz del Espíritu. Y, al llegar a la luz, siente cómo tus padres luminosos te dan la bienvenida.

Ahora observa cómo estas imágenes se disuelven nuevamente en la arena del tiempo del fondo de esa laguna, hasta que la superficie vuelve a quedar cristalina. Cruza las manos sobre el pecho y respira profundamente tres veces. Vuelve a tu habitación y toma de nuevo contacto con tu cuerpo. Sacude las manos vigorosamente y frótalas una contra la otra. Ahora restriégate el rostro con ellas y abre los ojos. Cierra el espacio sagrado abriendo los brazos y reuniendo tu octavo chakra en lo más alto de tu cabeza. Vuelve a colocar las manos en posición de plegaria.

EJERCICIO: CÓMO QUIERES SER RECORDADO

Ahora que has purificado las muertes de estas vidas anteriores, puedes trazar un rumbo distinto y mejor para la siguiente etapa de tu vida en esta tierra.

Imagina que has disfrutado de una vida larga y provechosa, y que ahora te hallas en tu lecho de muerte. Escribe tu propio panegírico, contando con todo lujo de detalles cómo viviste, cómo amaste, qué aventuras experimentaste, a quién ayudaste y cómo te gustaría ser recordado. ¿Qué aprendiste? ¿Qué superaste? ¿Qué fue lo más importante en tu vida?

Cuando acabes de escribir este panegírico, puede que quieras leérselo a tus seres queridos, ya que se trata de una hoja de ruta de la vida que estás abocado a vivir, pero que quizá no estés viviendo en la actualidad. Piensa en si realmente estás siguiendo el camino que lleva a esa vida que has descrito; si no, pregúntate qué es lo que debes cambiar.

LA VOLUNTAD DIVINA

Después de haber exorcizado las muertes que vivían dentro de nosotros, comprendemos que tenemos el poder para cambiar cualquier aspecto de nuestras vidas. Ningún riesgo es demasiado grande, ninguna misión es peligrosa en exceso. Cuando ya no estamos impulsados por el miedo, comprendemos que cada momento es perfecto a su manera. Ya no tememos aquello que no podemos controlar, y aprendemos a respetar la sabiduría del Espíritu en lugar de imponer nuestra voluntad. Éste es el camino del poder genuino.

Cuando nuestra relación con el Espíritu no está coloreada por el miedo, no necesitamos intermediarios para ayudarnos a entrar en contacto con la divinidad. De hecho, podemos sentarnos frente a Dios a la hora de la cena y pedirle atrevida pero respetuosamente aquello que deseamos, agregando luego: «...y que se haga Tu voluntad».

Si este encuentro con la divinidad te parece demasiado insolente, es porque aún estás atrapado en el triángulo de la víctima, y percibes a Dios como el salvador supremo. Muchos de nosotros hemos olvidado que nuestra mitología nos proporciona ejemplos de personas que amaron a Dios lo suficiente para ser sinceros y directos con Él acerca de lo que deseaban. Por ejemplo, en la Biblia, Dios le dijo a Abraham que Su pueblo había tomado el mal camino. Le pidió que viera lo que estaba sucediendo en Sodoma y Gomorra, ciudades del pecado que iba a destruir.

Abraham le preguntó entonces a Dios: «Si localizo a cincuenta hombres justos, ¿tendrás piedad de estas ciudades?». Dios lo pensó un momento y luego accedió a no destruirlas en el caso de que Abraham encontrase a estas personas justas. Sin embargo, no pudo hallarlas y regresó ante Dios para renegociar el acuerdo y pedirle que aceptara una cifra de treinta hombres. Dios estuvo de acuerdo, pero Abraham tampoco pudo descubrir esa cantidad de gente.

La negociación continuó, y Dios aceptó no destruir las ciudades siempre y cuando Abraham le llevase sólo diez hombres justos. Al final, sólo les perdonó la vida a las únicas personas justas que había en las ciudades: Lot, su mujer y sus hijas.

Pero Abraham podría haberle dicho a Dios: «Yo soy un hombre justo: ¿es esto suficiente para que les perdones la vida a los habitantes de estas ciudades?». Como el Espíritu es infinitamente misericordioso, podemos negociar con Él una y otra vez, pero también debemos respetar la voluntad divina porque existe un designio sagrado del que no siempre somos conscientes.

Es imposible que podamos tener una visión tan global como la del Espíritu. Puede que no nos demos cuenta de que creceremos y aprenderemos mucho más si no seguimos el camino más fácil, el camino que elegiríamos desde el nivel de la serpiente o el jaguar. Aunque deseemos riquezas materiales y comodidades, nuestra alma puede verse atraída hacia una familia que carecía de estas cosas. Aunque podamos haber deseado padres afectuosos, quizá vamos a parar a una familia con padres que no lo son. Sin embargo, la percepción desde el nivel del colibrí es que todo es perfecto tal como es, que no hace falta cambiar nada. Desde el nivel del águila, sabemos que «mi Padre y yo somos Uno». Ya no existe ningún «yo», sólo el Espíritu, y no hay ninguna voluntad aparte de la suya. Tampoco hay ningún sujeto fuera de Dios, y ningún esfuerzo es necesario para lograr las cosas. (Ésta es la práctica de la no acción, que comentaré más adelante.)

Para los guerreros luminosos, la verdadera batalla radica en trascender el linaje kármico que hemos heredado. Entonces podremos dejar de repetir los mismos errores que hemos cometido en el pasado y que nos han marcado un rumbo predeterminado en esta vida. El mayor de los retos que afrontamos se encuentra dentro de nosotros, y es mítico. Si ganamos la batalla, despertaremos de la pesadilla de nuestra historia personal y colectiva, y *entonces* podremos soñar nuestra existencia y manifestarla.

Del mismo modo que curar las heridas de tus relaciones pasadas no te proporciona automáticamente una buena relación, curar tu linaje kármico sólo te prepara para el camino —tú luego tienes que recorrerlo—. Y la forma de hacerlo es practicar las cuatro disciplinas que he mencionado: ausencia de miedo, no acción, certeza y no enfrentamiento.

LA PRÁCTICA DE LA AUSENCIA DE MIEDO

Vivir sin miedo es practicar activamente la paz y la no violencia, incluso cuando parecemos estar amenazados. Esto no quiere decir que dejemos de protegernos a nosotros mismos y a nuestros seres queridos —quiere decir que no reaccionamos desde un espacio de ira o violencia—. Nuestra propensión a las soluciones violentas se halla profundamente arraigada en nuestro cerebro, que está organizado de una forma muy extraña. La región donde experimentamos nuestras sensaciones de placer reside muy cerca del centro donde experimentamos la violencia, de modo que cuando estimulamos una de estas zonas del cerebro, a menudo acabamos estimulando la otra también.

Parece que somos el único mamífero cuyo cerebro está constituido de esta forma. Por esta razón asociamos tan a menudo la violencia con el placer (especialmente los hombres). Nos encantan las películas de acción, sobre todo la emoción de ver cómo el bueno acribilla a balazos al malo. La mayoría de los videojuegos para niños tratan sobre cómo hacerle estallar el cerebro al enemigo y las llamadas películas eróticas consisten en actos de agresión cometidos contra mujeres cada cinco minutos. Y el sadomasoquismo sobre el que leemos y que es tan común en tiempos de guerra sucede cuando estos centros cerebrales son estimulados en exceso y desarrollan autopistas de cuatro carriles por lado entre ellos. No es ninguna sorpresa, por lo tanto, que cuando nos enfrentamos a algo que parece ser un problema, nos coloquemos con entusiasmo nuestra armadura, desenvainemos la espada y declaremos la guerra.

Sin embargo, tenemos otras opciones. Las prácticas incluidas en cada revelación estimulan los centros cerebrales asociados al placer y al éxtasis, desactivando así los centros responsables de la agresión. Cuando practicamos la ausencia de miedo, podemos vivir en paz y ejercer la no violencia. Cuando encarnamos la paz, los que nos rodean experimentan un sentimiento de calma y serenidad. Incluso en tiempos de guerra, podemos vivir en un oasis de serenidad.

La ausencia de miedo nos permite ir más allá de la violencia, porque ésta se basa en el miedo —miedo a que nos rechacen, a que se aprovechen de nosotros, a quedar en ridículo, a ser herido, etcétera—. Practicar la ausencia de miedo nos exige que nos acerquemos con amor a las personas y a las situaciones, para que los demás también puedan abandonar su propensión a la violencia.

En un mundo lleno de violaciones, asesinatos y asaltos, esto puede parecer una respuesta poco apropiada. Cuando empuñamos una espada, experimentamos una sensación de control y poder. Nos deleitamos en ella y en el papel agresivo y activo que estamos asumiendo para cambiar el mundo, pero ignoramos el hecho de que la violencia sólo engendra violencia. Podemos pensar que la guerra representa una solución, pero la violencia que les infligimos a los demás sólo aumenta su hostilidad. Sí, es posible que los sometamos, pero si no los ayudamos a liberarse de su ira y de su miedo, todo lo que habremos hecho es plantar las semillas para la próxima guerra.

Hablamos de una guerra contra el terror, contra las drogas, contra las enfermedades —puede resultar difícil imaginar cómo podemos resolver estos problema si no les declaramos la guerra, pero tenemos que admitir que estas cruzadas sólo engendran más terror, un mayor consumo de drogas y más enfermedades—. En los Estados Unidos, el país más rico del mundo, casi el 20% de los niños pasa hambre cada día, a pesar de nuestra llamada guerra contra la pobreza. ¿Cómo podemos, pues, resolver estos importantes problemas sin recurrir a una reacción bélica?

PRACTICAR LA AUSENCIA DE MIEDO
Y NO LA GUERRA

Practicar la ausencia de miedo quiere decir que primero eliminamos la pobreza, el terrorismo y la guerra que reinan en nosotros. Abandonamos nuestra adicción a tener razón y arreglamos *nuestra percepción* de cada problema antes de intentar resolverlo.

Hace muchos años, en su lucha por solucionar su aparente escasez, Inglaterra y Francia se atacaron mutuamente una y otra vez. Talaron tantos árboles para construir navíos de guerra que deforestaron sus países y, aunque luchaban entre sí para conseguir poder y riqueza, acabaron ambos con menos recursos que antes. Si se hubiesen dado cuenta de que ellos mismos eran los que creaban su sensación de escasez, podrían haber encontrado una manera más productiva de conseguir aquello que realmente necesitaban.

Nosotros también tendemos a no tener en cuenta el coste de enzarzarse en una batalla y preferimos concentrarnos en cómo podemos obtener un pedazo más grande de la tarta. No nos gusta considerarnos codiciosos —simplemente somos cautelosos y estamos ahorrando para no volver a sentirnos inseguros—. Por supuesto, nunca llegaremos a sentirnos totalmente seguros, porque es inútil buscar la seguridad en el matrimonio, en la bolsa de valores, en el trabajo, en los bienes raíces o en cualquier otro objeto material.

Los guerreros luminosos construyen relaciones de colaboración con los demás en lugar de intentar conquistarlos; de esta forma, es mucho más fácil encontrar intereses comunes y soluciones beneficiosas para ambas partes. En lugar de aferrarnos a nuestra creencia de que no tendremos suficiente o de que se aprovecharán de nosotros, confiamos valientemente en los demás y encontramos soluciones en las que todos salen ganando. Esto puede parecer ingenuo, y una parte de nuestro ser nos dice que el mundo real no funciona así. Pero los organismos más exitosos de la naturaleza son el resultado de colaboraciones. Incluso el cuerpo humano es el producto de docenas de órganos y muchos tipos distintos de tejidos trabajando conjuntamente.

Ya no tenemos que creernos esa falsa idea de que estamos rodeados de enemigos contra los que hay que luchar y que debemos someter. Es esta mentalidad la que nos lleva a enfrentarnos a gritos con el conductor que nos ha quitado «nuestro» sitio cuando queríamos estacionar el coche, o a pensar que nuestra pareja no vació premeditadamente el lavaplatos con el objetivo de fastidiarnos. Ahora bien, tampoco hace falta que confiemos totalmente en cada persona que nos encontremos ni que neguemos el peligro de dejar sueltos a todos los criminales —pero eso no significa que tengamos que ir por la vida con la espada desenvainada, listos para librar batalla contra los que son accidentalmente descorteses.

Como guerreros luminosos, abrimos los ojos para poder ver en los demás la capacidad para la paz, incluso si no la están expresando. Algunos psicólogos dirían que proyectamos nuestro lado oscuro (nuestra sombra) sobre los demás, creando adversarios a fin de evitar ver nuestras propias heridas interiores. Sin embargo, al culpar a los otros debilitamos el poder que tenemos para no convertirnos en unos matones, y esto nos impide acceder a nuestra energía creativa y curativa, una energía que podemos usar para soñar un mundo mejor.

Cuando practicamos la ausencia de miedo, no nos hace falta crearnos enemigos u obsesionarnos con «los malos» para estar seguros de que siempre somos víctimas virtuosas. Puede parecer extraño que intentemos convencernos de nuestra debilidad, pero esto presenta ventajas psicológicas para nosotros. Si nos vemos como víctimas, tenemos una disculpa para no hacer más sacrificios.

Cuando percibimos las cosas desde el nivel de la serpiente o del jaguar en lugar de hacerlo desde el nivel del colibrí, nos centramos en nuestros adversarios y en todos los crímenes que han cometido contra nosotros, olvidándonos así de hacer la importante pregunta: «¿Qué oportunidad hay aquí para crear una situación de abundancia y curación?». En el nivel del colibrí, intentamos encontrar maneras creativas de negociar con la gente con la que no estamos de acuerdo, y no ignoramos los elementos que tenemos en común por mucho que creamos ser los buenos de la película.

Cuando vamos más allá del miedo, de la violencia y de la muerte, podemos seguir el camino del guerrero luminoso; podemos hacer la paz y no la guerra. Mahatma Gandhi es tal vez el mejor ejemplo de un hombre que hizo la paz incluso cuando se enfrentó a situaciones de violencia, y cambió el curso de la historia para mil millones de personas.

LA PRÁCTICA DE LA NO ACCIÓN

Practicamos la no acción cuando nos sumergimos en el flujo del universo, recibiendo y trabajando con las oportunidades que se nos presentan en lugar de intentar forzar a todo el mundo y todas las cosas a plegarse a nuestros planes.

El mundo del guerrero luminoso no está impulsado por la agresión —su luz puede derrotar por sí sola a la oscuridad—. La no acción quiere decir que en lugar de empujar y batallar, vivimos en la luz del amor, de la creatividad y de las infinitas posibilidades, y dejamos que las cosas sigan su curso a la vez que depositamos nuestra confianza en la inteligencia y la benevolencia del universo. Cuando practicamos la no acción, no ponemos nuestra energía en hacer cosas hoy que mañana se resolverán por sí solas. No controlamos cada detalle de nuestras vidas porque sabemos en lo más profundo de nosotros mismos que estamos en manos del Espíritu.

En Occidente, creemos erróneamente que la única forma de resolver los problemas y conseguir que las cosas se lleven a cabo es trabajando duro. Cuando vemos a alguien que no está siendo productivo, lo llamamos perezoso. La ética protestante está basada en la lucha porque hemos sido expulsados del Jardín del Edén y nuestro destino es ganarnos el pan con el sudor de nuestra frente. Se nos ha enseñado que «el ocio es la madre de todos los vicios», así que no confiamos mucho en el tiempo libre.

Hay una historia de un mexicano que se encontró con un grupo de aborígenes australianos y les preguntó si tenían alguna noción sobre el «mañana». Les explicó que en su país *mañana* quería decir no precipitarse a hacer hoy lo que se resolvería solo al día siguiente.

Los aborígenes debatieron el asunto entre ellos y, después de mucho tiempo, uno de ellos contestó: «Sí, la tenemos, pero sin ningún sentido de urgencia al respecto».

La práctica de la no acción no quiere decir que debamos retirarnos a vivir a la cima de una remota montaña. Hay cosas que todos necesitamos hacer para sobrevivir y para mantener la salud de nuestras comunidades. Pero no tenemos que residir en el «reino de la actividad» y ser poseídos por nuestras obligaciones y logros. Incluso si estamos ocupados haciendo esto o aquello, no tenemos por qué identificarnos con nuestras ocupaciones y volvernos adictos a la actividad. Podemos tener una larga lista de obligaciones y, aun así, conseguir hacerlo todo gracias a que hemos establecido prioridades y descartado los pequeños detalles, confiados en que el universo se ocupe de ellos. Podemos estar plenamente presentes en el trabajo, en los momentos de descanso, o con los amigos o la familia; y podemos diferenciar entre lo que es importante, lo que es trivial y lo que es insignificante. Podemos simplemente dejar en manos de Dios lo que es crucial y olvidarnos del resto.

Muchas veces nos dejamos atrapar por el ajetreo del día a día porque nos encanta sentir nuestra propia importancia. Nos convencemos de que si no nos mantenemos ocupados, sucederá algo espantoso. Siempre me divierte observar cómo las personas que asisten a mis charlas se precipitan hacia las cabinas telefónicas o sacan tu teléfono móvil apenas hacemos una pausa. Creo que quizá un 5% de esas llamadas son urgentes —sobre todo les gusta sentir que en sus oficinas quieren saber de ellos o ver si tienen algún mensaje importante diciéndoles que hay algo que necesitan hacer.

Este ajetreo fomenta la ilusión de que vamos a vivir eternamente. Con tanto que hacer y tan poco tiempo, creemos ser tan importantes que es imposible que vayamos a morir. Nos decimos a nosotros mismos que aquellos que cuentan con nosotros no van a poder funcionar si no hacemos A, B y C. Entonces, cuando nos quedamos sin trabajo o nuestro hijo nos dice que ya no necesita nuestra ayuda, nos sentimos destrozados. Detestamos que se nos recuerde que somos igual que todo el mundo, que somos prescindibles. Pues sí, el mundo va a continuar girando alrededor del sol, y la humanidad va a seguir existiendo, incluso cuando ya no estemos aquí para verlo. Como el ego le tiene tanto miedo a esta verdad sobre nosotros mismos, nos convence de que nos aferremos a nuestra propia autoimportancia.

Nuestro ajetreo constante también nos permite evitar lidiar con nuestras emociones. Cuando hacemos una pausa y tomamos conciencia de lo que estamos sintiendo, podemos abrirnos al contacto del Espíritu. En cambio, paralizamos nuestro crecimiento al evitar las partes de nosotros mismos que necesitan curación, diciéndonos que tenemos demasiado poco tiempo o insuficiente dinero para atender las necesidades del alma. No nos damos un momento para soñar o para curarnos.

Curiosamente, cuando dejamos de pensar en lo que *deberíamos* estar haciendo y simplemente le prestamos atención a lo que *está* sucediendo, acabamos siendo mucho más productivos y creativos. Escribimos ese informe en lugar de navegar sin rumbo por Internet para luego regresar con sentido de culpa a la tarea que tenemos entre manos... que parece tomarnos una eternidad porque nos cuesta mantener la concentración. Permanecer en el momento presente en lugar de preocuparse por lo que hay que hacer esta tarde o dentro de una semana nos abre los ojos a las posibilidades que desperdiciamos con nuestra prisa por hacer las cosas y probar lo importantes que somos.

Intenta cultivar tu propia falta de importancia. Las personas más exitosas e interesantes son aquellas que no se toman en serio. Se ríen de sí mismas, pues reconocen que la vida es una aventura que da muchas vueltas. Como los buenos novelistas, fluyen con los acontecimientos y contemplan cómo se desarrollan las cosas, asumiendo una actitud creativa ante la vida y abriéndose a las nuevas oportunidades. Las historias que crean son enriquecedoras y sorprendentes.

Practicas la no acción al establecer tu residencia en el nivel del águila, donde dejas de vivir como algo separado del Espíritu. Ya no existe un autor de tus actos; las cosas simplemente suceden.

LA PRÁCTICA DE LA CERTEZA

La práctica de la certeza consiste en asumir un compromiso inquebrantable con el camino que has elegido. Es decir, dejas de preocuparte por estar cometiendo un error, o por no ser lo suficientemente bueno, rico o joven para algún proyecto. Por ejemplo, conozco a un empresario que cambió de profesión cuando tenía setenta años y se convirtió en un pintor de mucho éxito. Nunca tuvo la menor duda de ser un artista, incluso cuando la gente que lo rodeaba veía su nuevo proyecto con algo de escepticismo.

La certeza significa que elegimos deliberadamente no dejarnos ninguna «puerta trasera» que nos permita entregarnos sólo a medias al nuevo proyecto. Cuando estamos comprometidos en una relación amorosa, por ejemplo, no nos ponemos a buscar otra pareja potencialmente mejor «por si acaso».

Cuando me convertí en padre por primera vez, poco antes de cumplir cuarenta años, no estaba en absoluto preparado para esa experiencia. Me dije a mí mismo: «Bueno, si esto de ser padre no funciona, siempre puedo coger mi tienda de campaña y regresar a la Amazonia». Después de todo, había viajado a ese lugar muchas veces y me sentía a gusto allí. Ser padre, una experiencia que nunca había tenido, me resultaba mucho más aterrador que la idea de vivir en la jungla y lejos de la civilización.

El problema de mi actitud fue que me impidió estar plenamente presente con mi familia, ya que en el fondo de mi corazón sentía que siempre me podía marchar si las cosas no funcionaban. Desde el momento que tienes una puerta trasera, ya no puedes crear aquello que deseas porque tus energías están divididas. El fracaso se hace inevitable porque no te comprometes totalmente. Es mucho mejor quemar los puentes que has dejado atrás, cerrar todas las vías de escape y comprometerse por entero con el camino que has elegido.

Obviamente, tienes que estar lo mejor informado posible acerca de la decisión que quieres tomar y sopesar cuidadosamente las consecuencias, pero una vez has hecho tu elección, practica la certeza. No es nada productivo pensar si tu esposa (o tu marido) es o no la idónea *después* de que ya te has casado. Y el hecho de centrarte en todos los problemas derivados de tu decisión te impedirá ver las oportunidades para crear una estupenda relación.

Así pues, sé valiente, pero no insensato. Reconoce que hay tiburones en el lugar donde vas a nadar, y lleva contigo el repelente anti tiburones. Pero una vez estés en el agua, no comiences a preguntarte qué estás haciendo allí... porque en ese caso vas a ser devorado.

La práctica de la certeza garantiza que todos tus proyectos tengan un resultado positivo. La incertidumbre, por otro lado, surge del miedo, y saboteará cada proyecto que tengas. De modo que el primer paso para practicar la certeza consiste en familiarizarse con tus puertas traseras. Una alumna me dijo una vez que si fracasaba en su intento por convertirse en chamán, siempre podría dedicarse a la mendicidad.

Aunque le reconfortaba la idea de saber que podía sobrevivir en la calle, trabajé con ella para cerrar esa puerta trasera porque estaba preseleccionando un futuro en que iba a fracasar como chamán y curandera.

Las puertas traseras de escape desvían una energía que podría ser usada para hacer realidad tus sueños. Se forman cuando existe miedo en tu interior, y conducen a profecías de fracaso y derrota que se cumplen a sí mismas. Sin embargo, hay una diferencia entre una puerta trasera y una estrategia de salida. En otras palabras, es bueno tener una estrategia de salida en caso de que no le vaya bien a la tienda de bicicletas que has abierto con tu amigo —si las cosas no funcionan, tendrás un medio para que os separéis de manera amigable, sin echaros la culpa mutuamente por el fracaso del negocio—. Recuerda que la certeza está impulsada por el amor y la ausencia de miedo, pero que la puerta trasera es una creación de este último. Quema los puentes que hayas dejado atrás para que tu única opción sea el éxito.

LA PRÁCTICA DEL NO ENFRENTAMIENTO

Cuando practicas el no enfrentamiento, eliges deliberadamente no tomar parte en batalla alguna, en especial cuando las reglas del enfrentamiento han sido definidas por tu adversario. Sólo porque alguien esté deseando una pelea, con ganas de crear un drama que le permita sentirse como un noble salvador o como la víctima, eso no quiere decir que tengas que seguirle el juego. Y las personas más cercanas a ti son expertas en pisarte los callos. Tu esposa y tus hijos saben muy bien cómo sacarte de quicio en cuestión de segundos.

Recuerdo que le pregunté a un amigo mío que había sido piloto de caza qué era lo que los militares le habían enseñado sobre los duelos aéreos, como los que había visto en la televisión cuando era niño. Me dijo que nunca había que verse envuelto en un duelo aéreo si se podía evitar —el ideal es que el combate termine antes de que tu adversario se dé cuenta de tu presencia—. El objetivo es conservar tu energía y usarla en la forma que deseas, en lugar de desgastarte en un desafío que el otro se ha propuesto tener. Desde el momento en que entras en el enfrentamiento, me explicó, ya has perdido.

De modo que si eliges entrar en una discusión, sé consciente de que lo estás haciendo por deporte, porque te gusta, y no porque te vaya a permitir derrotar a tu adversario o probar que tienes razón. Los Guardianes de la Tierra dicen que si luchas contra el conquistador, nunca vas a ganar; de hecho, lo máximo que puedes esperar es un empate. Vuelves a tu tienda de campaña cubierto de sangre, le sacas filo a tu espada y regresas a la estéril batalla al día siguiente. La pregunta es: ¿quieres probar que tienes razón, o prefieres establecer una conexión con tu adversario, encontrar un terreno común y ganar? ¿Deseas perpetuar y mantener tu punto de vista, u optas por resolver el problema?

Raramente nos hacemos estas preguntas porque sentimos una atracción inconsciente por las batallas que son coreografiadas por las historias que hemos escrito sobre nuestras vidas. Si nuestra historia es la de una persona menospreciada e incomprendida, nuestro ego va a estar continuamente buscando ocasiones que la confirmen. Si estamos en la fila del supermercado y alguien se la salta, inmediatamente se lo echamos en cara y exigimos el respeto que merecemos. Si una persona que apreciamos se olvida de hacer algo que le pedimos que hiciera, la acusamos de egoísmo y de falta de respeto hacia nosotros. Sin embargo, la verdadera historia podría ser que la otra persona estaba simplemente distraída o ensimismada con sus propios problemas, y de hecho se habría sentido culpable y se habría disculpado si le hubiésemos dicho: «Me causó algunas molestias que dejaras bloqueado mi coche». En lugar de darle una oportunidad para explicarse, elegimos perpetuar nuestra historia.

Por supuesto, a veces nos vemos envueltos en situaciones en que la gente hace todo lo posible por crear un drama e interpretar un determinado papel. En estos casos, es muy difícil no caer en la tentación de participar en la batalla que otros han planeado. Pero si nos proponemos ser guerreros luminosos y luchar contra nuestro verdadero adversario (nuestro yo herido) en lugar de proyectarlo sobre el mundo, nos resultará más fácil desengancharnos. Si me siento enfadado con mi pareja porque no está de acuerdo conmigo, sé que es mejor resolver el conflicto dentro de mí mismo que buscarme una pelea con ella con la esperanza de atraerla hacia mi punto de vista. A veces le digo: «Esto suena como una invitación para que me defienda a mí mismo», y evito la discusión. Meterme en una cruzada porque aún no he conseguido curarme a mí mismo sólo perpetúa mi propio drama de víctima/verdugo/salvador.

A QUÉ ESTAMOS DISPUESTOS A RENUNCIAR

Para practicar el no enfrentamiento tenemos que ser negociadores, pero al mismo tiempo firmes. Esto quiere decir que hemos de estar dispuestos a negociar, lo que implica renunciar a algo: a nuestro deseo de ser considerados superiores y a nuestra necesidad de controlar cada detalle de una situación. Puede que tengamos que renunciar a nuestras rígidas ideas sobre cómo hay que hacer ciertas cosas. En el libro de Jonathan Swift *Los viajes de Gulliver*, dos naciones van a la guerra a causa de un desacuerdo sobre la manera de comer los huevos duros. Es una idea absurda, pero a menudo asumimos una posición intransigente en lugar de centrarnos en la resolución del problema. Nos metemos en un callejón sin salida, incapaces de avanzar porque, al estar tan aferrados a nuestras historias, no podemos ver nada a lo que estaríamos dispuestos a renunciar.

Nuestra falta de flexibilidad puede verse no sólo en nuestra vida personal, sino también en las relaciones internacionales. La segunda ronda de las conversaciones sobre la limitación de armas estratégicas (SALT II) llevó a un tratado entre los primeros y la Unión Soviética en 1979, pero los Estados Unidos nunca lo ratificaron porque no pudieron ponerse de acuerdo con la segunda respecto al número de inspecciones de las sedes nucleares soviéticas que se les permitiría hacer a los estadounidenses, y viceversa. Nadie explicó cómo se deberían realizar esas inspecciones o qué implicaba una inspección. ¿Se accedería a que los soviéticos examinar los archivos secretos de las instalaciones nucleares? ¿O sólo pasarían para tomar el té? Estos detalles nunca fueron debatidos.

En lugar de eso, las conversaciones se estancaron en el tema del *número* de inspecciones que se les permitiría hacer a ambas partes cada año. Los negociadores de cada lado comenzaron a sospechar cada vez más unos de otros y a atrincherarse cada vez más en sus respectivas posiciones; por ejemplo, los soviéticos querían sólo cinco inspecciones al año, mientras que los estadounidenses exigían siete. Ambos países se negaron a ser más creativos a la hora de encontrar un terreno común.

Pero incluso al intentar llegar a un acuerdo con el otro, tenemos que ser muy firmes cuando está en juego nuestra integridad o algo en lo que creemos profundamente. Hemos de dejar muy claro cuáles son nuestros verdaderos valores para que podamos negociar eficientemente y para que no nos veamos atrapados en discusiones interminables sobre detalles insignificantes.

En cuanto guerreros luminosos, trascendemos el miedo y la muerte, y somos capaces de aportar amor y belleza a cada encuentro. Ahora estamos listos para avanzar por el camino del visionario.

REVELACIÓN 3

EL CAMINO DEL VISIONARIO

Ser un visionario significa caminar con suavidad sobre la tierra y soñar tu destino.

En este mundo moderno, el tiempo de los sueños ha quedado relegado al dominio de la no vigilancia. Para experimentarlo, tienes que echarte, cerrar los ojos y entrar en un estado de profunda ensoñación en que se aparecen imágenes. Sin embargo, para un Guardián de la Tierra, existe poca diferencia entre los sueños nocturnos y los diurnos de la vida cotidiana, con todo su misterio y su drama. Los Guardianes de la Tierra intentan permanecer plenamente despiertos incluso mientras duermen, a diferencia de la gente normal que suele estar totalmente dormida incluso cuando se encuentra en estado de vigilia. Cuando están despiertos, los Guardianes de la Tierra son capaces de soñar y manifestar un mundo de gracia y belleza. En este capítulo, aprenderás cómo crear con los ojos abiertos y comprenderás por qué tus sueños (y pesadillas) siempre se convierten en realidad.

La palabra *sueño* a menudo tiene una connotación negativa porque pensamos que es una pérdida de tiempo cuando sucede durante el día y algo totalmente sin sentido cuando tiene lugar a lo largo de la noche, o, en el mejor de los casos, un mensaje proveniente del subconsciente que deberá ser decodificado a la mañana siguiente. No nos damos cuenta de que en el fondo creamos la realidad en que vivimos, que soñamos un mundo y lo manifestamos — y que por lo tanto nuestra capacidad para crear hermosos sueños cuando estamos despiertos es muy importante.

Cuando domines el arte de soñar con los ojos abiertos, serás capaz de dejar de deambular inconscientemente por la vida. Podrás comenzar a crear una vida plena en lugar de conformarte con la pesadilla colectiva que la sociedad ha creado para ti —entonces serás el autor del poema épico de tu vida, en lugar de un participante involuntario en los acontecimientos que suceden a tu alrededor—. Cuando aprendas a soñar, ya no necesitarás interpretar los distintos papeles que te hayan asignado (víctima, verdugo o salvador). Te podrás liberar de las limitaciones de tus historias, en lugar de aferrarte a ellas para darte a ti mismo un falso sentido de seguridad.

Aquí se requiere la quietud que tiene el vuelo del colibrí. Debes ir más allá de las palabras inspiradoras y de las soluciones intelectuales para acceder a la quietud de tu alma, y crear una visión de cómo quieres que sea tu mundo —ya sea una imagen de tu propia vida o de la vida de todos en este planeta.

TOMANDO CONCIENCIA DE
TUS SUEÑOS DIURNOS

Para comenzar a crear tu visión, debes tomar conciencia de tus sueños diurnos y de su simbolismo. En el psicoanálisis, aprendes que cada símbolo de tus imágenes nocturnas representa una parte de ti mismo: el amenazador fantasma, la bella doncella y la casa en llamas pueden ser todos interpretados como aspectos de tu yo. Por ejemplo, cuando estaba en la universidad, soñé que me encontraba dentro de un túnel y había una locomotora que avanzaba a toda velocidad hacia mí. Fui a ver a uno de mis profesores, que era muy bueno en el análisis de los sueños, y le conté mi pesadilla. Supuse que la locomotora representaba todas las asignaturas que estaba estudiando, y que sentía que me estaban abrumando y amenazando con aplastarme antes de que consiguiera graduarme.

Mi profesor estuvo de acuerdo en que podía ser ése el caso, pero que sólo era una interpretación superficial de mi sueño. Entonces me preguntó qué parte de mí era la locomotora descontrolada, inconsciente de lo que había a su paso. Luego quiso saber qué parte de mí era el túnel que contenía todos esos elementos en su interior. Yo reconocía esa parte de mí mismo que se sentía abrumada, pero también tenía una clara idea de lo que debía hacer y del rumbo que debía tomar —representado por la locomotora—, y todos estos elementos estaban dentro de un túnel —que simbolizaba mi subconsciente.

Puedes usar el mismo enfoque analítico para examinar tus sueños diurnos. Los símbolos se hallan en todas partes, y todo lo que experimentas refleja una parte de ti mismo —de modo que cuando puedas percibir la realidad de esta forma, comprenderás cómo estás soñando tu mundo.

Un día visité a una curandera en el suroeste de los Estados Unidos. Vivía en una cabaña de madera en las montañas y tenía la reputación de ser una persona que podía ayudarte a comprender los mensajes ocultos de los sueños. El camino hasta su casa no estaba bien señalizado, y varias veces tuve que retroceder y probar otro camino. Hacia el final, me perdí y tuve que subir por un terraplén hasta la cima de un barranco. Durante mi escalada, resbalé y me torcí el tobillo, así que tuve que cojear el resto del camino hasta llegar a su cabaña. Para entonces, estaba furioso y cubierto en sudor, preguntándome qué fue lo que me hizo intentar este viaje en primer lugar.

Saludé a la anciana, que me preguntó qué estaba haciendo tan lejos de la civilización. Le expliqué que había estado en las cercanías visitando a un conocido chamán y que había oído hablar de su capacidad para interpretar los sueños. Mi miró con desconfianza, pero después de un rato me invitó a que me sentara, diciendo: «Primero interprete- mos tu día. Dime cómo llegaste hasta aquí, y luego te con- taré algunas cosas sobre ti».

Al mirar por la ventana, vi su camioneta estacionada en la entrada... y un cuidado camino de gravilla que con- ducía hasta su cabaña. Por lo visto, había elegido el camino más difícil para llegar hasta su casa. Entonces comprendí cómo mi viaje hasta ellí era un símbolo de la manera en que yo avanzaba por la vida: a menudo tomaba el camino equi- vocado, me sentía frustrado, perdía la paciencia y acababa en una situación desesperada en que tenía que escalar tomando la vía más difícil, y me lesionaba al hacerlo. Así fue cómo hice mi posgrado y cómo pasé los primeros años de mis investigaciones en la Amazonia, donde me gané una reputación, entre mis colegas antropólogos, de ser capaz de perderme en los lugares más improbables. En mi afán por comprender los misteriosos símbolos de mi sueño nocturno, había pasado completamente por alto el significado de mi sueño diurno.

SUEÑOS AMERICANOS

Cuando dormimos, generalmente sentimos que no tenemos casi ningún control sobre lo que sucede en nuestra conciencia —y a veces advertimos lo mismo cuando estamos despiertos. Se nos dice todo el tiempo que los acontecimientos simplemente «suceden», que lo mejor que podemos hacer para cambiar nuestro mundo es trabajar más arduamente e intentar influenciar a otras personas para que actúen como nosotros queremos. Establecemos reglas e intentamos hacerlas cumplir, pero nunca es suficiente. (Vale la pena señalar que cinco de los Diez Mandamientos pretenden regular los impulsos de nuestro primitivo cerebro reptiliano y mamífero, que están asociados a los niveles de la serpiente y del jaguar.) No se nos ocurre que deberíamos ver las cosas de otra forma e imaginar maneras mucho más creativas de resolver nuestros problemas. Esto requiere que consigamos ir más allá de la serpiente y del jaguar —niveles primitivos y ensimismados—

para acceder al nivel del colibrí. En los niveles inferiores de la percepción, nos resulta imposible salir del trance cultural en que hemos sido educados.

En los Estados Unidos, existe hoy un canal de noticias que, en lugar de intentar ampliar las perspectivas de la gente, procura confirmar las creencias que ésta ya tiene. Sus televidentes quieren que se les confirme que el mundo es un lugar poco fiable, lleno de personas bondadosas como ellos que respetan a sus vecinos, y de individuos malvados que hacen cosas horribles y piensan de manera distinta.

Atrapados en nuestro trance cultural, los estadounidenses ya no vivimos en una democracia, sino en una «mediocracia». Los medios de comunicación están tan influenciados por sus patrocinadores corporativos que incluso los grandes acontecimientos mundiales son convertidos en artículos de opinión. Ya en el año 1880, John Swinton, un periodista del *New York Times,* comentó: «El trabajo de los periodistas consiste en destruir la verdad... Somos los instrumentos y los vasallos de hombres ricos que permanecen en segundo plano». Esta opinión sigue siendo válida hoy en día: como los anunciantes que financian las noticias están interesados en crear buenos consumidores que compren sus hamburguesas, no tienen ningún interés en ayudarnos a pensar con creatividad y originalidad.

Cuando nos tragamos sin más todo lo que nos dicen las noticias, perdemos nuestra creatividad y nuestra capacidad para transformar nuestro planeta en aquello que deseamos. Aunque no podamos soñar un mundo en que no haya abusos, podemos vislumbrar uno en que el crimen y la violencia no tengan lugar en nuestras vidas —donde no seamos ni víctimas ni verdugos.

NUESTRO PODER PARA CREAR UNA VIDA MEJOR

Digámoslo claramente: la realidad no es ninguna maravilla para la mayoría de nosotros. Si lo fuera, habría menos gente consumiendo drogas y alcohol para escapar de su infelicidad. Para gran parte de la gente, la realidad es una pesadilla, no un sueño agradable.

Ahora bien, afirmar que todos los individuos tienen la capacidad para crear o cambiar su realidad tiene una fuerte carga política. ¿Quiere esto decir que los trescientos millones de personas que viven en la miseria en la India simplemente no están soñando de la forma adecuada? Y ¿qué hay de todos los que murieron con el tsunami que golpeó el sureste asiático en el 2004 o los que perdieron su hogar a causa del huracán Katrina al año siguiente en los Estados Unidos? Ante tanto sufrimiento humano, es fácil desechar la idea de que soñamos nuestro mundo y así lo manifestamos, y pensar que no es más que una tontería característica del movimiento Nueva Era. Parecería más razonable culpar de estas catástrofes a la pobreza. Mucha gente piensa que si eliminásemos la pobreza, ya no habría sufrimiento. Sin embargo, la riqueza no cura la infelicidad. Algunos de los individuos más desgraciados que he conocido viven rodeados de lujo, mientras que muchas de las personas más felices con las que he estado tienen muy pocas comodidades materiales.

La idea de que soñamos nuestro mundo y de que así lo manifestamos no debe ser usada como una excusa para no implicarse socialmente o para no ayudar a aquellos que lo necesitan. Más bien estas tragedias deberían empujarnos a hacer más por ayudar a los demás. De hecho, no tenemos por qué esperar a que suceda un desastre para comprender que necesitamos compartir nuestros recursos y detener la destrucción del medio ambiente. Y podemos soñar un mundo en que estas tragedias no nos sucedan a nosotros.

Si muchos de nosotros tenemos un sueño de esperanza y de grandes posibilidades, podemos cambiar mucho las cosas. Una de las razones por las que publico mis libros con Hay House, por ejemplo, es porque se trata de una editorial que está empeñada en mejorar el mundo. Mi contable se quedó asombrado cuando rechacé la oferta de una gran editorial de Nueva York. Pero Hay House dona todos los beneficios de sus ventas en Sudáfrica a los huérfanos con sida, y me gusta que mis libros ayuden a apoyar esos esfuerzos. Y lo que es más, sé que formo parte de un equipo —desde los encargados del almacén hasta los vendedores— que comparte conmigo una cierta visión del mundo.

Si eres un visionario, puedes elegir rechazar la pesadilla que te presentan los medios de comunicación y la gente que te rodea. No tienes por qué participar en el sueño que dice que el propósito de la vida de todo el mundo consiste en ser un niño totalmente obediente y un excelente estudiante, y luego casarte, formar una familia, tener un trabajo seguro, una casa en un buen barrio y un televisor con doscientos canales... después de lo cual te jubilarás y te irás a vivir a una agradable y bien protegida urbanización.

Aunque esto pueda ser el sueño americano, no tiene por qué ser el tuyo (¡obviamente no es el mío!). Hay muchos otros sueños más interesantes que puedes crear.

Demasiado a menudo damos por sentado lo que nuestro sueño colectivo nos dice que es posible o imposible, aceptable o inaceptable. Recientemente, alguien que conozco se mudó de Nueva York a una ciudad más pequeña. A pesar del buen servicio de autobuses y de otros transportes públicos en la nueva ciudad, además de la proximidad de su casa a la zona comercial, muchos de sus nuevos vecinos no podían entender su decisión de no comprarse un coche. Insistían en que se le iba a hacer insoportable tener que caminar varias manzanas hasta el supermercado cuando hiciera frío, aunque eso era justamente lo que había tenido que hacer durante los años que vivió en Manhattan. Como estas personas estaban tan acostumbradas a subirse al coche para hacer cualquier recado, pensaban que la decisión de mi amiga era demasiado radical. No estaban habituados a ver las cosas de otra manera y a abrirse a nuevas posibilidades.

De hecho, la mayoría de nosotros no somos conscientes de que estamos siendo soñados y de que podríamos imaginar algo distinto que sea exclusivamente nuestro. Sólo reconocemos esto cuando salimos de nuestra muy limitada experiencia y nos vemos expuestos a algo nuevo —por ejemplo, cuando un joven de la zona protestante fundamentalista de los Estados Unidos se va a la universidad o entra en el ejército, y se queda asombrado al ver que hay gente que es agnóstica, y que sin embargo es muy ética y decente.

Durante los primeros días con mi maestro laika tuve una experiencia que me mostró las limitaciones de mis creencias. Don Antonio y yo estábamos caminando por el altiplano —una meseta árida y montañosa que se extiende desde Cuzco hasta el lago Titicaca en Perú— y le dije que la tradición cristiana nos enseña a pedirle ayuda al cielo siempre que necesitemos auxilio u orientación. Él sonrió y me dijo que los laikas se la piden a la Madre Tierra, no a los cielos.

Yo seguía obstinadamente insistiendo en que la divinidad estaba en lo alto, cuando entramos en una pequeña aldea y vimos tres caballos a nuestra derecha. Don Antonio señaló el estiércol fresco y me pidió que le llevara un poco. Encontré un pedazo de cartón para que sirviera como pala y, cuando regresé hasta donde estaba, vi que había hecho un pequeño agujero en la tierra. «Pon la mitad del estiércol aquí», me dijo. Lo hice, y él lo cubrió con tierra. Luego me señaló una roca cercana y me pidió que colocara el resto del estiércol sobre ella. Después seguimos nuestro camino, y don Antonio se negó a comentar nada sobre ese tema.

Dos semanas más tarde pasamos de nuevo por la misma aldea. Para entonces ya se me había olvidado aquella conversación y las misteriosas instrucciones de mi maestro acerca del estiércol... pero no a él. Don Antonio se dirigió directamente hacia el lugar del agujero y me pidió: «Cava». Cuando estaba algunos centímetros por debajo de la superficie, me dijo: «¿Ves? Ya se está convirtiendo en fertilizante». A continuación me llevó hasta la roca y, señalándome el excremento seco, me dijo: «¿Ves? Aún sigue pareciendo mierda, ¿no es así? Y hasta huele a mierda, ¿verdad?

Nuestra Madre Tierra lo vuelve a convertir todo en vida: nuestro dolor, nuestra pena, nuestro sufrimiento, incluso nuestros excrementos».

Durante toda mi vida yo había creído que la divinidad residía en lo alto. Incluso el padrenuestro dice: «Padre nuestro, que estás en los cielos...». No estaba preparado para aceptar la idea de que la divinidad es oscura, fértil y húmeda —como la tierra— o que lo sagrado está presente en nuestra vida cotidiana, en el suelo que pisamos, y no en alguna limpia y pura morada celestial, muy alejada de toda nuestra «mierda».

Aunque como antropólogo he sido educado en el respeto a las creencias de otros pueblos, todavía pensaba que mis propias creencias eran superiores a las de los pueblos primitivos que estudiaba —después de todo, yo tenía un doctorado—. Ni siquiera sabía que me encontraba atrapado en el sueño colectivo que había sido creado para mí por mi cultura, mi religión y mi educación. Aprendí que el sueño colectivo en que vive la mayoría de nosotros es un cuento de mal gusto que confundimos con la realidad. No lo podemos ver porque no somos conscientes de que no es más que un sueño.

La otra lección que aprendí ese día fue que lo que había considerado un asqueroso excremento estaba de hecho en camino de convertirse en fertilizante y en alimento para otras formas de vida. En psicología, se me había enseñado a colocar la deposición sobre la piedra, disecarla, examinarla bajo el microscopio para determinar su origen y composición, y luego preguntarme cómo una comida tan buena puede acabar convertida en algo así.

Del mismo modo, nos preguntamos: «¿Cómo una relación tan prometedora puede haber acabado convirtiéndose en mierda?». Pues bien, una vez comenzamos a percibir las cosas desde una perspectiva más elevada, podemos ver más allá de los problemas y descubrir oportunidades y un potencial para crecer. Como don Antonio solía decirme, «Alberto, eres un cortador de maleza. Siempre estás arrancando las malezas de tu vida —los traumas infantiles, tus amores perdidos—. Tu jardín ya no tiene malezas, pero no has plantado flores o frutas. Acepta la presencia de algunas malezas para que puedas cultivar cosas bellas».

Mi educación como psicólogo me encerró en la creencia de que la vida está llena de problemas, y que sólo trabajando arduamente iba a poder encontrar las soluciones. No estaba soñando una vida apacible y fructífera, sino más bien una existencia llena de problemas, y eso fue justamente lo que el universo me proporcionó.

CÓMO SOÑAMOS Y MANIFESTAMOS EL MUNDO

Lo que vemos y experimentamos es el mundo que hemos manifestado a través de nuestros sueños —si no nos gusta, podemos abrir los ojos, ser conscientes y crear algo diferente—. Una manera de hacerlo es a través de la plegaria, que puede tener un gran efecto sobre ciertas situaciones. Uno de mis ejemplos favoritos proviene de un estudio realizado con cuatrocientos pacientes en la unidad de asistencia coronaria del Hospital General de San Francisco, en la década de los ochenta. El investigador Randolph Byrd preparó un experimento en que la mitad de los pacientes fueron objeto de plegarias, además de recibir los cuidados médicos habituales. Los doctores y las enfermeras no sabían qué pacientes habían sido objeto de plegarias. Mientras que ninguno de los que fueron objeto de plegarias experimentó un paro cardíaco o murió, doce de los pacientes del grupo de control sufrieron un paro cardíaco, y tres de ellos murieron.

Estamos acostumbrados a hacer peticiones específicas cuando rezamos, pero es más eficaz dejar que el Espíritu se encargue del resultado de cualquier situación. Los investigadores empleados por una organización llamada la Spindrift Foundation han estudiado el poder de la plegaria para curar organismos simples, como las semillas que están germinando. (Cuando se trata de evaluar los efectos de la plegaria, resulta fácil trabajar con plantas; después de todo, no hacen ejercicio, no siguen una alimentación especial, no toman suplementos vitamínicos, ni tienen a alguien fuera del grupo de estudio rezando por ellas.) Se evaluaron dos tipos de plegaria: la *plegaria dirigida*, en que quien reza le dice a la divinidad cuál es el problema y qué desenlace desea, como por ejemplo la plena recuperación de su tía después de un infarto; y la *plegaria no dirigida,* en que quien reza le comunica a la divinidad el nombre del receptor pero no busca un desenlace específico, confiando en que «se haga Tu voluntad». Los estudios con plantas realizados por la Spindrift Foundation mostraron que ambas estrategias funcionan, pero que la plegaria no dirigida es cuatro veces más eficaz que la dirigida, porque no es necesario decirle al Espíritu lo que debe hacer.

La visualización, como forma de plegaria, funciona en el nivel del colibrí y usa el lenguaje de las imágenes. Podemos crear una nítida imagen del hecho de estar viviendo en una gran casa al borde del mar, por ejemplo. Como expliqué anteriormente, la visualización es mucho más poderosa que las afirmaciones positivas, ya que éstas funcionan en el nivel de la mente (jaguar) y emplean el lenguaje de las palabras. Sabemos que una imagen vale más que mil palabras, de modo que para crear realmente una situación de paz en el mundo, necesitamos manifestar un mundo en paz a través de nuestras plegarias, y hacer esto en el nivel del colibrí. De otro modo, ¿cómo una única visualización de paz va a poder contrarrestar el efecto de cien imágenes de guerra y terror que vemos en un programa de noticias de treinta minutos?

La realidad que creamos

El universo siempre nos devuelve el reflejo de las condiciones de nuestro sueño. Así, si sentimos miedo de no tener dinero, no lo tendremos. Sin embargo, si experimentamos un sentimiento de abundancia con lo que poseemos hoy, incluso si no tenemos dinero ahora mismo, esta abundancia se manifestará en el futuro, y podemos estar seguros de que más riquezas están en camino.

Por tanto, cuando nuestra vida no va bien, la solución más eficaz no consiste en cambiar de profesión, de pareja o de ciudad, sino en intentar mejorar la pureza de nuestros sueños. Cambiamos nuestro sueño, y nuestra vida sentimental o profesional adquiere equilibrio. Esto no quiere decir que continuemos en una relación abusiva o en un mal trabajo, sino que no dejamos ese trabajo o esa relación heridos y culpándolos por habernos victimizado. Nos libramos de las historias improductivas y en su lugar imaginamos las experiencias que nos gustaría tener.

Hay una vieja historia de un viajero que se encuentra con otro que viene en sentido opuesto. El primer viajero le dice al segundo: «Me dirijo a la ciudad de la que vienes. Dime, ¿qué tal es? ¿Es la gente buena, honesta y confiable?». El segundo viajero le responde con otra pregunta: «Dime, ¿cómo eran los habitantes de la ciudad de donde tú vienes?». El primero contesta: «Oh, ¡eran egoístas y malvados! Me robaron, me negaron alojamiento y me cobraron demasiado por la comida. No hay una persona decente en toda la ciudad». Entonces, el segundo viajero le dice: «Pues bien, eso es exactamente lo que encontrarás en la ciudad a la que te diriges».

El segundo viajero se da cuenta, a diferencia del primero, de que vayas donde vayas, allí estarás. Tú llevas la energía de tus creencias, tu estado mental y tus emociones a cada circunstancia, y el universo responde cumpliendo tus expectativas. No hay ninguna realidad objetiva porque todas tus profecías se cumplen a sí mismas. Esto es soñar.

Podemos lograr cualquier cosa que deseemos si creemos realmente en el sueño que nos gustaría experimentar y seguimos el camino del visionario. Logramos esto mediante las prácticas de la mente de principiante, y viviendo con coherencia, transparencia e integridad.

LA PRÁCTICA DE LA MENTE DE PRINCIPIANTE

Para practicar la mente de principiante debemos abandonar nuestras nociones preconcebidas. Como dijo Jesús: «Os digo que, si no volvéis a ser como niños, no entraréis en el reino de los cielos». En otras palabras, nuestras vidas se hacen mucho más simples cuando no cargamos con el peso de nuestras historias y expectativas. Los laikas dicen que esto sucede cuando podemos caminar por la nieve sin dejar huellas. Abandonamos nuestro cinismo, y nos abrimos a las oportunidades que se nos ofrecen. Recuperamos la inocencia y la espontaneidad. Volvemos a ser como niños y a experimentar las cosas como si fuera la primera vez.

Los practicantes del zen intentan alcanzar lo que se conoce como la «mente vacía». Hay una historia de un maestro y su discípulo, en que este último está bastante satisfecho de sí mismo y de todo lo que ha aprendido. El maestro lo invita a tomar té y le llena la taza hasta que la bebida comienza a desbordar. Consternado, el discípulo le grita: «Pero, maestro, ¡la taza ya está llena!». A lo cual el maestro responde: «¿Cómo puedo enseñarte nada si tu mente también está llena?».

Compara esto con lo que sucede en Occidente, donde cuanto más sabes, más vales. La práctica de la mente de principiante nos exige que abandonemos esta creencia y nos convirtamos en *amateurs*. De hecho, la palabra *amateur* proviene de un término francés que significa «amante». Los *amateurs* aman la vida, y se maravillan ante las distintas experiencias que ésta les ofrece. Para ser uno de ellos, tenemos que dejar de lado nuestros conocimientos. Sin embargo, comprendemos que cuando practicamos la mente de principiante, no *olvidamos* nuestros años de experiencia —simplemente no confundimos lo que aprendimos ayer con lo que estamos descubriendo hoy.

Debemos decirnos a nosotros mismos: «Esto es lo que creo que puede ser verdad, pero déjame comprobarlo empíricamente». Desarrollamos una relación hipotética con la vida en lugar de una relación fija. Entonces, cuando nos encontramos en una situación en la que ya hemos estado antes, no damos por sentado el desenlace, porque cuando lo hacemos, este desenlace se convierte en una profecía que se cumple a sí misma. Nos decimos: «Esto parece ser una discusión con mi pareja. De hecho, parece ser la misma discusión sobre dinero que tenemos todo el tiempo. Pero quizá no lo es; quizá se trate de algo distinto». Es posible que sea una oportunidad para profundizar en nuestra relación y fortalecerla.

Recientemente, un policía me hizo parar porque estaba conduciendo con exceso de velocidad. Inmediatamente me maldije a mí mismo por ser tan estúpido para conducir a 110 kilómetros por hora en una zona donde la velocidad máxima es de 80. Además, estaba furioso porque me hubiesen pillado... y decidí practicar la mente de principiante. Cuando el policía se acercó a mi coche, bajé la ventanilla, sonreí y dije: «Sé que iba con exceso de velocidad y que merezco una multa. No tengo ninguna excusa. ¿Qué tal su día?». Acabamos conversando un rato y me habló de su problema de fatiga crónica, no me puso la multa y se quedó encantado cuando le regalé una copia de mi libro *Shaman, Healer, Sage*. Para que esto funcione, por supuesto, tiene que ser algo auténtico, sin ninguna intención oculta de librarse de la multa. Y funcionó —tanto el oficial como yo tuvimos una nueva experiencia.

DESPRENDERTE DE LO QUE SABES

Practicar la mente de principiante tiene mucho en común con la teoría científica. En la ciencia, creamos una hipótesis basada en lo que hemos observado, y luego la contrastamos con los hechos. Si la evidencia no encaja con la teoría, desechamos la hipótesis. Esto es muy distinto a lo que sucede con la religión, en que la hipótesis es considerada sagrada. En la religión, la contrastamos con los hechos, y si éstos no encajan, conservamos la teoría y desechamos las evidencias. Por esta razón, la abrumadora cantidad de datos científicos que confirman que la evolución humana es un proceso que ha durado millones de años no sirve para convencer a un fundamentalista que cree que Dios creó el mundo en seis días y que los dinosaurios vivían en armonía con Adán y Eva en el Jardín del Edén. (Un reciente sondeo de Gallup indica que cerca del 47% de la población de los Estados Unidos piensa que Dios creó a los seres humanos tal como son en la actualidad hace más o menos unos 10 000 años.)

Practicar la mente de principiante exige que abandonemos nuestros dogmas, sean cuales sean. Obviamente, es más fácil decirlo que hacerlo, sobre todo cuando el dogma nos ha servido de ayuda. Recuerdo la conversación que tuve con mi abuela sobre el nacimiento de Jesucristo. Ella no encontraba ningún motivo para abandonar su creencia de que la madre de Jesús era literalmente virgen, y mi argumento de que esto era algo que había que tomar en sentido figurado —que Jesús nació de una madre pura de corazón— no la convenció en lo más mínimo. *Todos* los dogmas son peligrosos. Aunque las creencias de mi abuela puedan parecer inofensivas a primera vista, muchísima gente ha ido a la guerra para proteger ideologías parecidas.

Pero por rígida que sea la religión, la ciencia también puede serlo, y convertirse en un conjunto de conocimientos en lugar de en *una forma de adquirir* conocimientos. Durante los primeros años de mis investigaciones, por ejemplo, comprobé que muchos científicos rechazaban de buenas a primeras los estudios que estaba realizando porque no encajaban con sus presuposiciones. Luego, cuando la física cuántica y la teoría del caos pasaron a gozar de aceptación popular, mi trabajo comenzó a obtener un mayor reconocimiento por parte de los científicos y los médicos. El dogma de la ciencia hace que a menudo dejemos de hacernos preguntas importantes que podrían significar un gran progreso en nuestra capacidad para curarnos a nosotros mismos y a nuestro planeta.

Aunque esperamos que los niños digan cosas ilógicas e insólitas, y nos divierten sus creativas ideas y preguntas, los adultos que rompen con la ideología dominante e imaginan nuevas posibilidades a menudo son considerados lunáticos o medio chiflados. En 1899, el inventor serbio Nikola Tesla alegó que cuando estaba trabajando en su laboratorio de Colorado Springs recibió unas señales energéticas provenientes de Marte, bajo la forma de chasquidos.

Tesla fue ridiculizado, pero alrededor de cien años más tarde, los investigadores descubrieron que no todo era producto de su imaginación: comprendieron que probablemente había captado ondas de radio naturales que son comúnmente transmitidas por las nubes de gas y otros materiales cósmicos. Tesla fue un visionario cuyas invenciones tecnológicas incluyen la corriente alterna, la telegrafía sin hilos, la central eléctrica de Niagara Falls y, sobre todo, la famosa bobina de Tesla, usada en las radios (y que genera un alto voltaje). Todos estos inventos debieron de haber parecido absurdos cuando los mencionó por primera vez.

Existe un gran peligro en convertir las verdades en creencias que nos limiten, porque el futuro siempre va a sorprendernos. Sabemos, por ejemplo, que el tratamiento médico más avanzado de hace veinte años hoy en día es obsoleto, y que los descubrimientos de físicos de vanguardia que fueron aceptados por la generación anterior han resultado ser erróneos.

Nuestro reto consiste en ir más allá de la idea de que la única opción se encuentra entre lo verdadero y lo falso, y entre lo que es real y lo que es irreal, sin ningún término medio, al igual que cuando éramos niños creíamos que la comunicación a larga distancia, caminar sobre la luna o la clonación eran «cosas imposibles» —las creencias rígidas acerca de lo que puede y no puede hacerse nos impiden crear el mundo que deseamos.

LOGRAR LA MENTE DE PRINCIPIANTE

Podemos recuperar una manera de ser más creativa, abierta e infantil realizando simples cambios en nuestras rutinas y hábitos, como por ejemplo usar la otra mano para comer, tomar un camino distinto para regresar a casa y sonreír en lugar de enfurecernos cuando sucede un contratiempo. Podemos poner fin a nuestra complicidad con la mediocridad que nos rodea y abrirnos a una gama mucho más amplia de posibilidades.

Ahora bien, es importante no quedarse atascado en una interpretación literal de esta práctica. Un asesor de un director general de una gran empresa le dijo que quitarse los zapatos durante las reuniones de negocios lo ayudaría a ser más creativo. Es posible que esto le haya servido para romper con su forma habitual de pensar, pero este gesto por sí mismo no iba a cambiar gran cosa su manera de dirigir la empresa. Este ejecutivo creía haber encontrado un método mágico, un atajo hacia la creatividad, pero la verdad es que sólo estaba ampliando sus horizontes en el sentido más literal. Lo que necesitaba era despojarse de las creencias que lo limitaban, no de los zapatos.

El siguiente ejercicio te ayudará a abrirte a lo nuevo mediante la eliminación de lo que no está funcionando en tu vida.

EJERCICIO: ELIMINA DE TU VIDA LOS TRASTOS INÚTILES

Para practicar la mente de principiante, debes eliminar todos los trastos y objetos inservibles que has acumulado en tu vida. En el nivel de la serpiente, esto quiere decir vaciar tus armarios de todos los cacharros que no necesitas pero que no te has decidido a tirar. (De cualquier manera, después de tu muerte, tus hijos lo tirarán todo a la basura.) Estos trastos te mantienen atado al pasado —ese animal de peluche que ganaste en la feria, ese chándal de la universidad que ya no te cabe y que nunca vas a usar, etcétera—. Aún recuerdas las alegrías de esas experiencias, pero sin necesidad de acumular esos símbolos tangibles que abarrotan tus armarios.

Tira a la basura esa lámpara de lava que nunca te gustó y que representa el estilo de vida de tus años de soltero. Deshazte de los libros que crees que deberías leer algún día y de los proyectos de trabajos manuales que te sientes obligado a completar a pesar de haber perdido todo interés por ellos. Libérate de las expectativas que tenías respecto a ti mismo, y acepta que has hecho otras elecciones.

Limpia tu desván, tu sótano y tus atiborradas estanterías. Abandona la creencia de que debes seguir poseyendo cualquier objeto que pueda «valer algo». Dáselos a los menos afortunados, en lugar de aferrarte a la ilusión de que cuantos más objetos poseas, más seguridad y prosperidad tendrás.

Convierte tu casa, tu escritorio, tu coche, tu armario y tu *mente* en espacios minimalistas.

En el nivel del jaguar, practicamos la mente de principiante despojándonos de las creencias limitantes sobre escasez, abundancia, intimidad y autoestima. Al final, comprendemos que todas las creencias son limitantes, y las mandamos todas a la papelera de reciclaje. Desarrollamos una relación hipotética con el mundo, poniendo a prueba la utilidad de cada creencia. Comprendemos que «creer es ver», y que el universo confirmará cada creencia que tengamos acerca de la naturaleza de la realidad.

En el nivel de lo sagrado, la mente de principiante quiere decir no identificarse con los pensamientos. Desde la perspectiva del colibrí, comprendemos que cada pensamiento es una afirmación que refuerza un modelo mental inconsciente sobre la naturaleza de la realidad. Cuando dejamos de identificarnos con nuestros pensamientos, el ego se disuelve, porque surge de la creencia *pienso, luego existo*. Necesitamos coger cada pensamiento que tenemos sobre la naturaleza de la realidad y arrojarlo al fuego. Después de que hayan sido incinerados, seremos libres para reinventarnos a nosotros mismos y a nuestro mundo. Y entonces, desde la perspectiva del águila, el *amateur* que llevamos dentro encontrará a su verdadera amada —el Espíritu.

LA PRÁCTICA DE VIVIR CON COHERENCIA

La segunda práctica del camino del visionario implica que reconozcas el impacto que cada uno de tus actos tiene sobre las futuras generaciones. Muchos indígenas americanos creen que todos sus hechos afectan al destino de las siguientes siete generaciones; los Guardianes de la Tierra comprenden que incluso sus pensamientos ejercen un impacto sobre el mañana, así que están muy atentos a todas las imágenes y sentimientos que experimentan.

La excepción es cuando actúas desde el nivel del águila. Aquí no hay ninguna intención oculta tras tus actos, ya que no existen ni pensamientos ni imágenes. No buscas ninguna ganancia personal; más bien, usas tu poder para beneficio de todos. En este caso, tus actos son como semillas quemadas que ya no producen ningún fruto, y ya no acumulas nada de karma —te hallas en un perfecto estado de *ayni*.

En un nivel práctico, el Guardián de la Tierra no está tan ensimismado como para dejar tras de sí un rastro de destrucción cuando se abre camino por el bosque. Cuando somos conscientes de los efectos que tendrán nuestros actos sobre las próximas siete generaciones, no intentamos calcular cuánta polución podemos volcar sobre el medio ambiente para seguir protegiendo nuestros márgenes de beneficios, sino que somos conscientes del verdadero coste de envenenar nuestros recursos naturales. Y somos conscientes de que los hijos de nuestros hijos beberán la misma agua y respirarán el mismo aire que nosotros.

Recuerdo claramente un verano de mi adolescencia. Iba en coche con cuatro de mis amigos y saqué un cartón de leche de la nevera portátil. Iba a dar un trago cuando me di cuenta de que se había puesto amarga; asqueado, tiré el cartón por la ventana. Inmediatamente, lo vi tirado a un lado del camino, y el contraste de su fealdad con el hermoso bosque que bordeaba la carretera me causó una gran impresión. Ahora siempre que estoy de excursión por el campo o el bosque, recojo cualquier basura que vea. Es fácil hacerlo, y sé que al retirar esa basura estoy embelleciendo el bosque, no sólo para mí mismo y para otros excursionistas, sino para las generaciones futuras.

Vivir con coherencia quiere decir que, sin dudarlo mucho, vendes tu todoterreno e intentas limitar tu consumo de combustibles fósiles porque sabes que ese tipo de vehículos es más perjudicial para el medio ambiente. Quiere decir que cuando compras algo, eres consciente de que estás prestándole tu apoyo a esa tienda o a esa empresa, así que prefieres gastar algo más y comprarle ese artículo a alguien con sentido ético, que respete el medio ambiente y le pague bien a sus trabajadores.

Cuando practicas vivir con coherencia, eres plenamente consciente del impacto de tus pensamientos, actos e intenciones, e intentas que éstos sean positivos y curativos en lugar de egoístas y destructivos. Te das cuenta de cuándo estás actuando por miedo, y eliges hacerlo por amor. Asumes la responsabilidad de todos tus actos, y el universo percibe esto, otorgándote inmediatamente un buen karma (o uno malo, si ése es el caso). Como obtienes una respuesta y un apoyo inmediatos a todas tus acciones, ya no te irás del supermercado cuando el cajero te haya dado de más en el cambio —te sentirás obligado a devolverlo—. Entonces tu recompensa se verá multiplicada por diez.

MALDICIONES EMOCIONALES
Y GENERACIONALES

En esta práctica, también tomamos conciencia de las consecuencias de nuestro comportamiento. Las heridas emocionales que les causamos a otros pueden ser tan poderosas que sus efectos no duren sólo una vida sino varias generaciones. En la Amazonia, las llaman *maldiciones generacionales*: el terror que una madre atormentada le puede causar a sus hijas es sentido por las hijas de las hijas de sus hijas, y el duro castigo que un padre le inflige a su hijo es sentido por muchas generaciones. Esto también opera en el nivel colectivo. Por ejemplo, el legado de colonialismo y esclavitud no desapareció cuando los últimos esclavos murieron —sus experiencias afectaron a la forma en que criaron a sus hijos y en que éstos criaron a sus propios hijos. También sucede lo mismo en las familias donde hay alcoholismo, enfermedades mentales o abusos. Incluso los nietos de la gente que lo perdió todo durante la gran depresión aún tienen que lidiar con problemas de escasez.

Las maldiciones generacionales a menudo pasan desapercibidas, ya que nacemos con ellas y las consideramos parte de nuestra «piel». Es importante tomar conciencia de estos legados a fin de que podamos curarlos, y evitemos condenar a nuestros hijos a una vida en que van a estar reaccionando a una herida que le fue infligida a nuestra abuela hace setenta y cinco años. Vivir con coherencia quiere decir curar esta herida en lugar de dejársela como herencia a nuestros hijos.

Cuando crees que alguien cercano a ti está atrapado en una historia que no es la suya, puedes ofrecer sabiduría, consejo y apoyo. Pero, por favor, ten en mente que si te pones superior e interpretas el papel del noble salvador, estarás asignándole a esa persona el de pobre víctima, y comenzarás a imponerle tus propios dogmas. No hay nada más frustrante que escuchar a alguien que te dice con aire de suficiencia: «Abandona de una vez tu historia y pasa a otra cosa».

LA PRÁCTICA DE LA TRANSPARENCIA

Practicas la transparencia cuando dejas de esconder los aspectos de ti mismo que te hacen sentirte incómodo.

Un día que me estaba subiendo al autobús en la meseta inca con don Antonio, él decidió hacerse invisible para todo el mundo menos para mí. Yo lo podía ver, pero pronto me di cuenta de que nadie más podía divisarlo. Tuvimos que tomar varios autobuses en ese viaje y, para mi gran asombro, cada vez que hacíamos la cola para subir, los conductores le pedían el billete a todos los viajeros menos a mi maestro —era como si no lo vieran—. En un determinado momento, una mujer gorda con un niño pequeño y un pollo subió al autobús, y no me sorprendió ver cómo se sentaba en el regazo de don Antonio, incapaz de ver que él estaba a mi lado.

Cuando practicamos la transparencia, sin embargo, no tenemos que hacerlo de forma literal. Simplemente quiere decir que dejamos que los demás nos vean y que no tenemos nada que ocultar. Después de todo, aquello que intentamos esconder es justamente lo más visible para otras personas. Cuando vemos a un hombre arrogante exhibiendo su poder o presumiendo de sí mismo, percibimos claramente que debajo de todas esas fanfarronadas hay una persona que se siente insegura de su poder e importancia. Cuando vemos a una bella mujer vestida con ropa holgada y con el pelo tapándole el rostro, sabemos que se siente poco atractiva y tiene miedo al rechazo.

Pero escondemos más que nuestras inseguridades. A veces ocultamos nuestra belleza y poder porque nos sentimos incómodos con ellos y tememos las consecuencias de dejar brillar nuestra luz. Uno de mis alumnos, por ejemplo, era una joven muy inteligente que estaba casada con un hombre mayor. Ella escondía continuamente su inteligencia porque su marido la encontraba amenazadora. Después de completar su adiestramiento, comprendió que no podía fingir ser una mujer trofeo —de modo que convenció a su marido para que entrara en su club del libro y participara con ella en actividades que encontraba intelectualmente estimulantes.

Practicar la transparencia no quiere decir que tienes que convertirte en un blanco. Si has elegido seguir un camino espiritual, no tienes que esconderlo por miedo al ridículo. Otra de mis alumnas es enfermera y sintió la necesidad de esconder el hecho de ser curandera y practicar la medicina energética con sus pacientes del hospital (además de cumplir con sus tareas de enfermera, por supuesto). Tenía miedo de que la descubrieran y la echaran del trabajo, e incluso de llegar a perder su licencia. Pero como sus pacientes continuaban mejorando y los médicos seguían intentando que aquéllos fuesen enviados a su planta, comprendió que estaba tratando de ocultar su mayor cualidad. No era necesario que le explicara a todo el mundo lo que hacía ni aquello en que creía —bastaba con mostrarse tal como era, en el nivel de lo sagrado, que está más allá de las palabras y de las explicaciones, y reconocer lo que otros ya podían ver.

Cuando no tenemos nada más que ocultar, nos hacemos transparentes. En mis libros anteriores, que fueron bastante autobiográficos, revelé muchos aspectos sobre mí mismo. La gente me preguntaba si me preocupaba que tanto los extraños como los amigos ahora supieran tanto sobre mí, y yo respondía que de hecho me sentía feliz de no tener nada más que esconder. Todos mis defectos y carencias estaban a la vista, y ya no tenía que gastar mi energía para intentar ocultarlos.

Al esconder nuestro verdadero yo, atraemos hacia nosotros a aquellas personas que encarnan lo que hemos mantenido en secreto. Exteriorizamos nuestro proceso de curación, enredándonos en el drama de otra persona y acabando más vulnerables y frágiles que antes. También hace que nos identifiquemos con una historia, como «es fácil aprovecharse de mí, así que necesito ser duro y agresivo en esta negociación», o «es sencillo herirme, así que más me vale no atraer a nadie». Enterramos la parte herida de nosotros mismos en lo más profundo de nuestro ser, y las heridas siguen ahí hasta que viene alguien para frotarlas con un poco de sal a fin de recordarnos nuestra necesidad de crecer.

Cuando revelamos plenamente quiénes somos y dejamos de esconder partes de nosotros mismos para agradar al resto de las personas, para ser aceptados o para evitar ser heridos, los demás pueden quedar confundidos porque ellos también se habían creído nuestra antigua historia. No importa si la gente que te rodea no entiende o no acepta tus muchas facetas —es parte de la naturaleza humana tratar de categorizar o clasificar a los demás, a pesar de que todos somos un manojo de contradicciones—. Así pues, en el nivel de la serpiente, le digo a la gente que soy antropólogo. En el del jaguar, le hago saber que estudio cómo enfermamos y cómo podemos curarnos, y que también instruyo a chamanes occidentales. En el nivel del colibrí, la miro a los ojos y no digo nada porque las palabras no pueden describir la totalidad de mi ser. En el del águila, la invito a probar el Espíritu Único que todos compartimos.

La mayoría de los extraños que se sientan a mi lado en los viajes de avión quedan satisfechos con saber que soy profesor o antropólogo. Ya tienen una palabra para clasificarme, y podemos pasar a hablar del tiempo. No necesito explicarles que existen dimensiones que están más allá de lo que podemos ver u oír. Pero no escondo quién soy —si me encuentro con alguien que muestra una verdadera curiosidad y creo que puedo ser útil, le hablo en un nivel espiritual y conversamos sobre materias realmente importantes.

La transparencia quiere decir que existe una congruencia entre quien dices ser y lo que eres realmente. Quiere decir que predicas con el ejemplo. Pero no puedes mostrar tu verdadero yo a los demás si no sabes quién eres. En un ejercicio anterior, aprendiste que no eres tus roles: no eres una madre, un ejecutivo, un hijo o una hija; éstos no son más que papeles que interpretas, y no puedes ser contenido por definiciones tan limitadas. Tu verdadero yo es el observador, que contempla todo lo que haces y que sin embargo no se ve afectado por ninguno de tus pensamientos ni de tus actos. Este observador no puede ser definido por ningún rol, edad o posición social.

LA PRÁCTICA DE LA INTEGRIDAD

Practicas la integridad cuando tus palabras reflejan la verdad y reconoces su poder para crear la realidad. Después de todo, la Biblia dice: «En el comienzo era la Palabra... y la Palabra era Dios». Es decir, todo fue creado a partir de ella. Del mismo modo, la calidad de tu creación está determinada por la veracidad de tus palabras. Lo que dices es más importante que cualquier documento legal porque pone en movimiento un destino elegido —le da al universo instrucciones claras sobre el tipo de realidad que quieres crear.

Para los laikas, no existe nada más importante que ser fiel a tu palabra y por eso son muy cuidadosos con aquello que se dicen a sí mismos y a los demás. Creen que expresarle algo negativo a alguien equivale a echarle una maldición, y que decir algo positivo es como dar una bendición. Si le comentaras a alguien: «¿Te encuentras bien? No tienes buen aspecto hoy», hacia el final del día, esa persona caería enferma. Del mismo modo, si le dijeras: «Tienes un aspecto radiante», al cabo de algunos minutos o de algunas horas estaría radiante.

Pero ¿qué ocurre si esa persona tiene un aspecto horroroso? Si tus palabras han de reflejar la verdad, no puedes mentirle. Lo que sí puedes hacer es ver esa parte de tu amiga que siempre está radiante, independientemente de cómo se sienta ese día, y devuélvele el reflejo de ese resplandor. Podrías preguntarle: «¿Cómo van las cosas? ¿Hay algo que pueda hacer por ti?». O podrías usar algunas palabras para recordarle su belleza: «¡Estoy siempre tan contento de verte! ¡Tu presencia es tan edificante!». Entonces tus palabras le proporcionarán verdad y belleza a tu amiga.

Lo que te repites a ti mismo es igualmente poderoso, cosas como *soy un perdedor, no soy tan inteligente como tal persona, nunca encontraré el amor*, así que debes tener cuidado. Si tu pensamiento interno es *no valgo para nada*, te condenarás al fracaso en todo lo que intentes.

Tu palabra es una promesa que haces. Y cuanto más lleves una vida espiritual, más poder tendrá tu palabra y menos espacio tendrás para escabullirte. Viví un ejemplo de esto en un viaje reciente a la India. Me detuve en Rishikesh, una ciudad sagrada al borde del Ganges, donde los tenderos no dejaban de molestarme ofreciéndome sus mercancías. Después de un rato, para que no siguiesen insistiendo, les dije que regresaría más tarde. «¿Lo prometes?», me preguntaron, y yo respondí: «Sí, desde luego». Sabía que no tenía ninguna intención de regresar a esas tiendas, pero mi respuesta me proporcionó algo de paz mientras seguía mi recorrido por el mercado.

Sin embargo, al regresar a los Estados Unidos, pasé la primera semana soñando que estaba atrapado en los bazares de Rishikesh, regateando con los mercaderes sobre el precio de productos que ni siquiera quería. Aunque no había regresado a esas tiendas, ¡tenía que cumplir mi palabra y volver a ellas durante mis sueños!

Ser fiel a tu palabra desarrolla un poder espiritual que es esencial si vas a soñar y manifestar un mundo mejor. Sin este poder, tus sueños nunca toman forma y siempre acaban viniéndose abajo justo antes de dar fruto. ¿Has conocido alguna vez a alguien a quien todo parece salirle bien, pero a quien luego todo se le desmorona en el último momento? Su relación acaba justo cuando estaba a punto de casarse, su gran negocio fracasa a última hora o encuentra el lugar perfecto para abrir una consultoría y está listo para empezar, cuando el propietario se niega a alquilarle el local. Como estos individuos carecen de convicción y tratan sus palabras como si no tuvieran mucho poder, sus planes fracasan inevitablemente.

En lugar de intentar forzar al universo para que acate tus deseos, practica la veracidad y aumenta tus reservas de poder personal. Esto hará que tus sueños se conviertan en una fuerza imparable que organice el mundo de la manera que hayas decidido. Cuando practicas la veracidad, dejas de buscarte excusas —lo que dices le comunica al universo que se puede confiar en ti.

HACER MAL USO DE NUESTRA PALABRA

Cuando hacemos mal uso de nuestra palabra, malgastamos el poder personal que hemos acumulado. Cuando usamos nuestra voz para culpar o avergonzar a otros, estamos cometiendo el peor tipo de ofensa, porque estamos usando nuestras palabras para destruir en lugar de para crear. Que un padre le grite con furia a su hija: «¡Eres una estúpida!» es peor que si la golpeara con una vara —las heridas físicas cicatrizan rápidamente, pero las emocionales causadas por esa frase dejan una cicatriz que durará muchos años.

El mal uso de nuestra palabra reduce nuestro poder personal, de modo que lo único que podemos hacer es fantasear. Cuando perdemos una cantidad suficiente de nuestro poder, nuestra realidad sólo puede reflejar el mundo que nos rodea, haciendo que nos veamos atrapados en la pesadilla colectiva de nuestro tiempo.

Un ejemplo principal de cómo hacemos mal uso de la palabra es el cotilleo, que se ha convertido en el pan de cada día de nuestra cultura actual. Hablamos mal de otros a sus espaldas sin pensar en lo que estamos haciendo, con un sentimiento de camaradería y solidaridad hacia nuestros compañeros de cotilleo, y disfrutando de «formar parte del club» —el hecho de estar bien cuando otros no lo están.

Nuestra defensa del chismorreo consiste en alegar que es verdad: nuestro suegro es realmente un sabelotodo, nuestra vecina es efectivamente una mala madre y ese actor de Hollywood está realmente loco. Sin embargo, cuando practicamos la integridad no malgastamos nuestras palabras de esta forma. En lugar de eso, somos capaces de ver la inseguridad del sabelotodo y su necesidad de sentirse inteligente e importante, y sentimos compasión por él. Comprendemos que nuestra vecina no es mala persona, sino que está agobiada por el estrés y con miedo de que su hijo la avergüence o siga el mal camino. Y también nos damos cuenta de que no conocemos en absoluto a ese actor.

En otras palabras, encontramos la manera de ser amables y de servir de ayuda, conscientes de que esta actitud tiene más probabilidades de fomentar la curación y el crecimiento de los demás que la de tratarlos con desprecio. Dejamos de cotillear y de sentirnos superiores porque sabemos que eso nos impide ver nuestros propios defectos e intentar corregirlos. Reconocemos a estos individuos como maestros y les agradecemos el hecho de recordarnos que debemos aceptar a los demás con todas sus imperfecciones.

El cotilleo es un veneno que hace que nos sintamos bien con nosotros mismos a costa de los demás. Cada vez que hablamos mal de alguien, estamos echando una maldición que nos traerá desgracias tanto a nosotros como a él. Nuestras palabras crearán un puente energético hasta ese individuo, garantizando que él o alguien como él aparecerá tarde o temprano en nuestro futuro.

Tenemos muchas oportunidades para practicar la veracidad cuando interactuamos con nuestras familias, porque con ellas realizamos una gran parte de nuestro crecimiento emocional —primero con nuestros padres, luego con nuestra pareja y más adelante con nuestros hijos—. Mantener nuestra palabra con los seres queridos es el reto más difícil, así como el más gratificante, ya que nuestros hijos y cónyuges siempre nos van a pedir cuentas. Mi hija me dirá: «Pero, papá, me prometiste que...», y casi siempre tiene razón. Entonces desisto de trabajar y hago lo que le había prometido. Si no puedo dejar lo que estoy haciendo en ese momento, le pido que me conceda un poco más de tiempo. Pero no intento escabullirme del acuerdo.

La comunicación con mi hija está basada en la integridad, en la veracidad y en cumplir mi palabra. Así, de vez en cuando, mi hija se me acerca y me dice: «Pero, papá, me prometiste que...», y luego se echa a reír porque sabe que no es verdad. Entonces cambia sus palabras y me insinúa: «Me gustaría si pudiéramos...». Con nuestro ejemplo le mostramos a los demás que la integridad es la forma más elevada de práctica espiritual, no importa lo difícil que a veces sea mantenerla.

La práctica de la integridad también requiere que asumamos la responsabilidad de nuestros errores. Muchas veces nos sentimos tan avergonzados de haber metido la pata que intentamos echarle la culpa a otra persona: «Era tan difícil trabajar con él que se me hizo imposible cumplir con nuestro acuerdo» o: «Si ella hubiese dejado las cosas más claras, no me habría equivocado». Siempre nos vemos envueltos en conflictos, malentendidos y desacuerdos; sin embargo, cuando practicamos la integridad, elegimos no ponernos a la defensiva ni echarle la culpa a alguien y escribir una historia en la que somos las víctimas de otra persona.

Cuando evitamos asumir la responsabilidad de nuestros errores e intentamos encubrirlos con medias verdades y falsedades absolutas, tejemos una densa red de engaños en la que nos perdemos. Es posible que comencemos a creernos las mentiras que hemos contado, incluso cuando no tienen sentido. Podemos destruir nuestras relaciones con otras personas y arruinar nuestra reputación. Pero el peor daño es que desperdiciamos el poder personal que podríamos haber usado para soñar un mundo de belleza y hacerlo realidad.

Responsabilizarte de tus errores significa no sólo reconocerlos sino también corregirlos. Recuerdo a un amigo mío que iba de puerta en puerta vendiendo un remedio para la enfermedad del olmo holandés en la década de los sesenta, cuando esta dolencia afectaba a muchos árboles de la ciudad. Mi amigo realmente creía en este remedio —de hecho, cuando unos meses después descubrió que no funcionaba, fue a ver de nuevo a cada uno de sus clientes para ofrecerles un reembolso.

Finalmente, ser fiel a tu palabra nunca significa dejar de expresarla. Es increíble la cantidad de agravios que pueden resolverse con un simple «perdóname». Durante muchos años, me sentí muy mal porque mi padre nunca me dijo: «te quiero». Pero más adelante, a lo largo de mi vida, cuando comprendí el elevado coste de no decir las cosas, le perdoné y sentí compasión por él. Comprendí lo difícil que debía de haberle resultado no ser capaz de expresar sus sentimientos.

Cuando reconocemos que las palabras tienen poder y que los acontecimientos más casuales están cargados de significado, estamos listos para ir más allá del colibrí, hasta alcanzar un nivel de percepción en que no necesitamos analizar, visualizar ni hacer nada en absoluto para comprender nuestro mundo y cambiar nuestro sueño. Cuando estamos en el nivel del águila, nos experimentamos a nosotros mismos dentro del sueño y sabemos que somos el soñador. Percibimos que aunque podemos cambiar el sueño, todo es exactamente como debe ser porque sentimos nuestra unidad con el Espíritu, cuyo sueño es siempre perfecto tal cual es.

EL CAMINO DEL SABIO

Ser un sabio significa que cuando miras a tu alrededor, sólo percibes belleza.

En este capítulo, comprenderás cómo todo lo que experimentas es una proyección de tu paisaje interior, o sueño. Esto quiere decir que nunca te sucede nada y que nunca nadie te hace nada, ya que tú eres el creador de cada acontecimiento y de cada incidente de tu vida. Por tanto, no necesitas arreglar nada en el mundo exterior —si quieres transformar alguna circunstancia que parece ser externa a ti mismo, sólo tienes que apropiártela y cambiarla desde dentro.

Para los laikas, el mundo es una pantalla sobre la que proyectamos nuestra película. Esto no quiere decir que el mundo no sea real...: es *muy* real. Simplemente confundimos la imagen que proyectamos con la realidad, y tratamos de cambiar la acción que aparece en la pantalla cuando lo que realmente hace falta es transformar totalmente el guión. Una vez comprendas que puedes hacer esto siempre que quieras, dejarás de ser para siempre una pobre víctima o un inocente espectador.

Si tu pareja te dice algo ofensivo, tú curarás esa herida interiormente. Y aunque no seas capaz de cambiar lo que haya dicho (nada puede hacerlo, ni la psicoterapia ni una réplica indignada), *puedes* modificar tu experiencia de esas palabras. Cuando las palabras de tu pareja ya no te molesten, él o ella estará menos motivado a proyectar sus heridas sobre ti. O si llegas tarde al aeropuerto y pierdes tu vuelo, no hay mucho que puedas hacer al respecto, pero sí *puedes* curarte interiormente, y luego todo saldrá exactamente como debería salir. Cuando sabes que estás soñando todo lo que está sucediendo, puedes comprender que perder tu vuelo no es más que una parte de una película que tú has escrito —incluso si no eres consciente de ello.

Al igual que no recuerdas haber soñado durante la noche, también puedes olvidar que estás visualizando mientras estás despierto. Probablemente ya ha habido veces en que eras consciente de estar en medio de un sueño, y quizá incluso te dijiste a ti mismo que debías recordar este hecho al despertar. Esto se conoce como *sueño lúcido*. A lo largo de milenios, los Guardianes de la Tierra han desarrollado prácticas que los ayuden a mantenerse conscientes durante el sueño, influenciando así las experiencias que viven al soñar. También maduraron métodos que los ayudaran a recordar que están soñando mientras se encuentran despiertos, con objeto de poder dirigir sus imágenes diurnas con más gracia y lucidez. Aprenderás estas disciplinas más adelante, en este mismo capítulo.

EL PAPEL DEL SUEÑO CONSCIENTE

Interactuamos con el ámbito de la vibración y de la luz mediante la práctica del *sueño consciente*. En el nivel del colibrí, rezamos sin usar palabras, quizá viendo cómo el empleo que deseamos viene hacia nosotros mientras visualizamos la abundancia. Pero cuando pasamos al nivel del águila, no nos limitamos a visualizar una taza de arroz o una casa en la playa, en un intento por definir y controlar cómo se va a manifestar la prosperidad que creamos —en lugar de eso, dejamos que el universo se encargue de los detalles.

Es posible que queramos decir una oración peticionaria, y le pidamos a Dios que cure a un amigo con sida o que nos ayude a encontrar pronto un trabajo, pero ésta no es la práctica del sueño consciente. Cuando soñamos desde el nivel del águila, nos hacemos uno con el Espíritu, una corriente universal que es mucho más grande que nosotros; sin embargo, es una corriente en la que podemos entrar, navegar y que podemos dirigir para conseguir lo que deseamos. Nos unimos a este río de vibración y luz, nos convertimos en su corriente, y las explosiones de naranja y amarillo que son soles por nacer pulsan en nuestro interior. Entonces nuestra voluntad y la del Espíritu son una sola, y el dicho «que se haga Tu Voluntad» adquiere un nuevo significado. Cambiamos nuestra vibración energética y atraemos hacia nosotros y hacia otros aquello que vibra de una manera igualmente divina.

Un Guardián de la Tierra practica el sueño dejando que su mente quede en silencio. Como la superficie de un lago en absoluta calma, la mente lo refleja todo de manera perfecta. Pero apenas se levanta una suave brisa, comienzan a formarse ondas sobre el agua, haciendo que la mente se refleje sólo a sí misma. Un laika sabe calmar las aguas de su mente para que reflejen de forma exacta las infinitas posibilidades que existen. Entonces podrá entrar en la matriz de la creación, donde él desaparece y sólo queda el espíritu.

Nosotros también podemos encarnar la prosperidad, soñarla y hacerla realidad. Cuando nos convertimos en paz, serenidad y abundancia, éstas prevalecerán en nuestras vidas.

EL MUNDO TAL COMO LO SUEÑAS

Si te estás preguntando cómo sería soñar un mundo mejor, no te preocupes —es probable que ya hayas experimentado esta magia cotidiana en algún momento—. Quizá estabas de tan buen humor que le sonreíste a la cajera del supermercado y notaste cómo mejoraba su estado de ánimo en respuesta al tuyo. O quizá pudiste tranquilizar a alguien con miedo, sentándote a su lado y tomándolo de la mano.

Cuando nos encontramos en el nivel del águila, nuestro efecto sobre el mundo es muy grande, incluso si no somos conscientes de él. Tenemos mucho más poder del que creemos. ¿Recuerdas la teoría de la física (mencionada al comienzo de este libro) acerca de la mariposa que bate sus alas en Pekín y causa una tormenta tropical en el océano

Índico? El minúsculo cambio en la atmósfera creado por el movimiento de las alas de la mariposa puede realmente producir una alteración significativa en el clima de un lugar a miles de kilómetros de distancia. Aunque es imposible detener los vientos de una tormenta tropical en el nivel literal, ¿qué ocurriría si pudiésemos encontrar esa tormenta cuando no es más que un susurro en las alas de una mariposa? Podríamos detener desastres antes de que sucedieran y plantar semillas que producirían maravillosos frutos.

Sin embargo, debemos tener en mente que si somos capaces de impedir que la mariposa cause una tormenta en el océano Índico, nuestra acción podría producir una tempestad en el Caribe. Por tanto, en lugar de intentar evitar las tormentas, reconocemos que forman parte de la naturaleza y existimos en armonía con ellas. Desde el nivel del águila, comprendemos que no hace falta cambiar nada, que todo es perfecto tal como es, a su manera. Entonces tenemos libertad para modificar cualquier cosa que deseemos porque ya no buscamos nuestro propio beneficio al intentar enmendar algún error.

CURAR EL MUNDO EN TU INTERIOR

Imagina que pudieras cambiar cualquier cosa de este planeta. ¿Cómo sería tu mundo si todo fuera posible? ¿Acabarías con el hambre en África? ¿Le pondrías fin a la matanza de ballenas? ¿Llevarías la paz a Oriente medio? Sea lo que sea que desees hacer, es algo que debes curar en tu interior, es decir, debes encarnar la paz, la curación, la abundancia, la armonía o cualquier otra cualidad que te gustaría experimentar en el mundo.

Digamos que quieres salvar a las ballenas. Pues bien, no necesitas dejar tu trabajo, abandonar a tu familia, descuidar todas tus responsabilidades, subirte a un barco de Greenpeace e intentar detener una masacre de cetáceos. De hecho, si tu pasión se convierte en fanatismo, puede ser una señal de que tu intención no es realmente salvar a las ballenas, así que probablemente no tendrás mucho éxito en tu empeño. Cuando tu verdadera intención es curar a la criatura herida que reside en tu *interior*, dejas de ver las maneras en que puedes ayudar a los que se encuentran en el *exterior*. Te vuelves arrogante y te niegas a considerar cualquier opción que no sea la de la victoria absoluta. Te cierras a las soluciones creativas, a los acuerdos y a las negociaciones, y llegas a un callejón sin salida... mientras tanto, la matanza de ballenas continúa.

Es mucho mejor abordar el problema de tu naturaleza herida. Líbrate de tu «Ahab interior», que se ha convertido en un depredador obsesivo, y deja de «arponear» a los demás sólo porque sientes que te han dado caza y te han acorralado, y alguien debe ser castigado por ello. Siempre que tu pasión no esté sincronizada con tu eficacia, comprueba si esa discrepancia es el resultado de tu necesidad de resolver una lucha interior, en lugar de proyectarla sobre el mundo. Cuando eres libre interiormente, el exterior también puede ser liberado.

El extremo opuesto al fanatismo, que echa sus raíces en la parte herida de nosotros mismos, es la apatía. En lugar de ver la oportunidad de cerrar nuestras heridas y abrirnos a la posibilidad de soñar algo nuevo, demasiada gente se siente abrumada y se da por vencida. La apatía reina hoy en día en el mundo porque demasiados de nosotros nos hemos quedado dormidos. Creo que esta apatía es un efecto secundario de la pesadilla colectiva que nos ha hecho cerrar los ojos, adormecernos e ignorar el sufrimiento de los demás —además de nuestra propia capacidad para hacer algo al respecto.

Nuestro trabajo consiste en cocrear la realidad, en sociedad con la divinidad. En la historia occidental de la creación, Dios terminó de crear el mundo al séptimo día, y todo lo que quedó por hacer fue nombrar a las plantas y a los animales. En la historia de la creación de los laikas, en el séptimo día el Gran Espíritu les dijo a los humanos: «He creado los planetas, las estrellas, la mariposa, el águila y la ballena. Realmente, son cosas hermosas. Ahora, termínalas tú». Para los laikas, la creación no está completa: no debemos ser sólo los custodios de la vida, sino que también debemos terminar el proceso de la creación. Soñar el mundo y hacerlo realidad no es sólo un don, es una llamada y una responsabilidad. Si nosotros no atendemos esa llamada, ¿quién lo hará?

TRABAJAR CON LA INTELIGENCIA DEL UNIVERSO

Hay muchas maravillosas obras de ficción sobre viajes a través del tiempo que son cuentos con moraleja sobre lo que ocurre cuando interferimos en acontecimientos que estaban destinados a suceder. En cierto nivel sabemos que el universo tiene su propia sabiduría, y detener lo que percibimos como un desastre puede dar lugar a otro aún peor en otro lado.

Los laikas también saben que podemos cambiar cualquier cosa que queramos en nuestro mundo, siempre que estemos dispuestos a asumir el karma. En el nivel de la serpiente, tratamos de cambiar las cosas a la fuerza; en el del jaguar, las transformamos por medio de la voluntad; en el del colibrí, mediante la visualización, y en el del águila, a través de los sueños. Cuando percibimos las cosas desde el nivel de la serpiente, el karma parece alcanzarnos muy lentamente, y por eso mucha gente aparenta salir impune después de haber cometido actos horribles. En el nivel del jaguar, experimentamos nuestro karma con algo más de rapidez, siempre dentro de esta vida. En el del colibrí, el karma es inmediato, de modo que percibimos los resultados de nuestras acciones instantáneamente: las buenas obras producen beneficios inmediatos, y las malas acciones tienen consecuencias instantáneas. En el nivel del águila, no existe el karma, porque sólo permanece el Espíritu y el «que se haga Tu voluntad».

Cuando dejas que tu ego mande e insistes en controlar los acontecimientos, acabas en una lucha continua contra el universo. Sin embargo, puedes elegir estar tranquilamente con esa mariposa en Pekín —sin empujarla, sin forzarla y sin visualizar que hace algo distinto de lo que está haciendo—. Tu mera presencia traerá armonía y curación; y tú, la mariposa, el viento y la tormenta os haréis uno.

A nosotros, en Occidente, nos resulta difícil creer que podamos lograr la paz y la felicidad si no estamos realizando algo activo para producirlas, pero el hecho de encarnar la paz y la felicidad *sí* las crea. Nuestros egos no quieren que creamos que podemos tener un poder infinito si nos sumergimos en la sabiduría del universo, pero así es.

Por ejemplo, mucha gente joven hoy en día está fascinada con la brujería porque cree que puede proporcionarle la oportunidad de tener una mayor influencia sobre su vida. Estos jóvenes quieren creer que si siguen al pie de la letra las instrucciones de un embrujo, serán capaces de evitar que algún matón los agreda, le caerán bien a todo el mundo o se convertirán por arte de magia en alguien tan atractivo como una estrella de cine. No se dan cuenta de que la verdadera magia no es el resultado de recitar encantamientos o de mezclar hierbas con un mortero, sino de cambiar tu percepción y encarnar la confianza y la gracia. Los laikas ciertamente no necesitan usar ropas que indiquen su poder y posición —cuando entran en una casa, la comida aparece sin que tengan que pedirla, y reciben bendiciones sin haberlas solicitado—. Su presencia tiene un resplandor al que la gente responde, y las palabras o los símbolos de poder son innecesarios.

Recuerdo un viaje que hice con don Antonio a través del Altiplano. Llegamos a un pueblo donde no había llovido hacía muchos meses. Los lagos de alta montaña que almacenaban el agua del pueblo durante los áridos meses de verano habían comenzado a secarse. Cuando nos vieron llegar, los aldeanos nos dieron la bienvenida y le pidieron a mi maestro que llamara a la lluvia. El anciano laika pidió una choza donde poder ayunar y meditar; durante cuatro días, sólo bebió agua.

Yo ya había comenzado a preocuparme cuando finalmente salió de la choza en la tarde del cuarto día. Don Antonio comenzó a caminar hacia las afueras del pueblo, donde las montañas iniciaban una caída vertiginosa hacia la meseta amazónica, y me indicó que iba a «rezar lluvia». Le corregí, diciéndole que debía de querer decir que iba a rezar *por* lluvia, y me insistió: «No, voy a rezar lluvia».

Volvió dos horas más tarde, y había grandes nubarrones en el cielo. A los pocos minutos, comenzó a llover. Todos los aldeanos bailaban de alegría y le daban las gracias a don Antonio, pero él dijo que no había hecho nada —simplemente había llovido.

En ese momento, comprendí lo que mi maestro había hecho. Había accedido al nivel del águila, y se había disuelto. Había dejado de existir por un instante, que era infinito. Lo único que quedaba era el Espíritu, y no había pues nadie a quien rezar. Simplemente rezó lluvia. Y la lluvia vino.

Más adelante le pregunté por qué había tardado tanto: ¿necesitaba siempre ayunar y rezar durante cuatro días cuando quería entrar en el nivel del águila? Me contestó que cuando llegó al pueblo, se dio cuenta de que el lugar estaba falto de *ayni*. De hecho, el pueblo se hallaba tan desequilibrado que *él* también perdió su propio equilibrio. No podía hacer nada hasta recuperar su *ayni* —cuando lo hizo, lo mismo le sucedió al pueblo, y las lluvias llegaron—. El anciano sabía que todas las cosas se curan desde dentro.

La mente loca y la pesadilla colectiva

Cuando descubrimos que estamos soñando el mundo y haciéndolo realidad, comprendemos que también creamos las pesadillas de nuestra realidad. Entonces, ¿por qué invocamos la pobreza y la tragedia? El problema es la mente. Verás, aunque nuestra capacidad para pensar es extraordinaria, y la razón y la lógica son poderosas y de gran valor, la mente en sí está loca. (Después de años investigando la medicina mente-cuerpo, comprendí que la mente sólo puede crear trastornos psicosomáticos, nunca la salud. La única manera de crear salud psicosomática consiste en desconectar la mente por completo).

De hecho, la mente no existe en realidad, aparte de como figura retórica. Aunque no hay ninguna evidencia científica para su existencia, queremos encarecidamente creer en ella y en su poder porque tenemos la esperanza de que sea la llave para resolver todas nuestras crisis. Esta fascinación por la mente comenzó después de que fracasara nuestra búsqueda del alma. Primero, en la época de Miguel Ángel, buscamos el alma en el hígado, pero no estaba ahí. Más adelante, exploramos en el corazón... luego dentro del cerebro... y cuando no pudimos encontrarla por ninguna parte, nos conformamos con la idea de la mente.

En la década de los cincuenta, las nociones psicológicas de la mente se hicieron famosas con el surgimiento de la *teoría de la identidad*, que afirma que los estados y procesos de la mente son idénticos a los estados y procesos del cerebro. Un aparato de resonancia magnética puede mostrar que los sentimientos de compasión están asociados a una región de nuestro cerebro, incluso cuando los pensamientos de cólera aparecen en otra región. Sin embargo, en la década de los noventa, la neurocientífica Candace Pert presentó su descubrimiento de que el cuerpo, y no el cerebro, es la mente subconsciente, y que se comunica vía *neuropéptidos*, que son moléculas producidas por cada pensamiento que tenemos. La doctora Pert descubrió que las reflexiones poseen un componente bioquímico: los pensamientos, los neuropéptidos y el cerebro son reales, pero la mente no es más que el ego disfrazado.

LA NATURALEZA DE LOS PENSAMIENTOS

Los pensamientos son distintos a las ideas: una *idea* es cuando se te ocurre ir al supermercado o a tu clase de yoga, mientras que un *pensamiento* es la incesante cháchara cerebral que se activa desde el instante en que despiertas. Los pensamientos suelen prolongarse interminablemente: «Si voy al supermercado ahora, no voy a tener tiempo para ir a mi clase de yoga, y luego me sentiré culpable, así que tal vez debería ir a la clase de yoga antes...». O un pensamiento puede ser un juicio: «Esa clase de yoga es demasiado difícil».

A diferencia de las ideas, que son frescas y originales, los pensamientos son recuerdos activados por algo en el presente. Por ejemplo, si hueles una rosa, estás presente en la fragancia de ese instante, sin pensar en ese olor. Sin embargo, apenas piensas *rosa* o *roja*, estás haciendo una asociación con algo que has aprendido, con lo cual te estás alejando de la experiencia. Cuando no hay ningún pensamiento, lo único que existe es la fragancia de la rosa; cuando los pensamientos entran en escena, pierdes el momento.

De hecho, la mayoría de nuestros pensamientos son recuerdos de experiencias que sucedieron en los primeros años de nuestra vida, antes de nuestro nacimiento o incluso en nuestras vidas anteriores. Cuando éramos niños, nos lo llevábamos todo a la boca, y saboreábamos el mundo. Más tarde pasamos a jugar durante horas con nuestros juguetes y a perdernos en ensoñaciones. Luego, alrededor de los siete años, los pensamientos comenzaron a aparecer con fuerza: empezamos a adquirir un sentido del yo y a descubrir dónde terminaba nuestro ser y dónde nacía el mundo. Ya no nos quedamos absortos en un mundo de sensaciones, sabores y olores. Antes de ese momento, no teníamos pensamientos —sólo experiencias—. A partir de entonces, nuestras experiencias auténticas fueron disminuyendo cada vez más, hasta que, en la vejez, nos vemos perseguidos por continuos pensamientos de lo que sucedió en el pasado.

Cada pensamiento que circula por tu cerebro es la repetición de un drama en que fuiste la víctima, el salvador o el verdugo. Haz una pausa y escucha: ¿en qué estás pensando mientras lees este libro? Recuerda que tus pensamientos no son originales, brillantes o creativos —tu instinto, tus ideas y tu capacidad para soñar sí lo son.

Nos resulta imposible pensar de manera creativa porque los pensamientos nos lo impiden. Y cuando nos identificamos con ellos, estamos cometiendo un error de identidad. Yo no soy mis pensamientos, yo *tengo* pensamientos, de la misma forma que no soy mi coche, mi casa o mi ropa (aunque también tengo estos objetos). Y ya sabemos el lío en que nos metemos cuando creemos ser nuestro coche, nuestra casa o nuestra ropa; e intentamos resolver un problema comprando ropa de alta costura o un nuevo juego de palos de golf.

Los pensamientos son como el polvo que se deposita en nuestra piel durante un largo viaje, formando una gruesa capa. Después de un rato comenzamos a frotar en algunas zonas para acceder a nuestro verdadero yo. Lo que necesitamos hacer es dejar de frotar aquí y allá para quitar el polvo en algunas zonas, como hacemos con la terapia, y sacar la manguera para darnos una buena lavada. Los laikas han desarrollado prácticas enérgicas que logran esto en muy poco tiempo, limpiando las huellas que nuestro pasado ha dejado en nuestro campo de energía luminosa. He descrito detalladamente estas técnicas en mi libro *Shaman, Healer, Sage*, y se las enseño a mis alumnos en la escuela Healing the Light Body como una forma de producir una rápida transformación en ellos mismos y en sus clientes.

El ejercicio que realizaste antes, relacionado con la forma de morir en tus tres vidas anteriores, te ayudará a limpiar las huellas en tu CEL. El ejercicio siguiente, descubrir al sabio, logrará resultados muy poderosos.

EJERCICIO: DESCUBRIR AL SABIO

Haz una pausa y toma conciencia de cómo tus pensamientos aparecen y desaparecen, sin identificarte con ellos. Cierra los ojos y observa tus pensamientos como si fueran nubes formándose en un cielo despejado, y luego disolviéndose de nuevo. No sigas tus pensamientos ni intentes controlarlos o detenerlos —simplemente obsérvalos—. Advierte cómo al cabo de un rato tu atención se ve arrastrada por una cadena de pensamientos y pierdes tu capacidad de observar.

Respira profundamente y contempla una vez más la nube de pensamientos que se desplaza por el cielo despejado de tu conciencia. No intentes controlarlos, porque entonces va a aparecer la mente, ansiosa por «resolver» todos los problemas que se presentan. A la mente le encanta el conflicto: cuando detienes tu conflicto interior, ella desaparece, los pensamientos se disuelven y sólo queda el sabio.

La mente tiene miedo de que descubras que ella no existe, y quiere encarnizadamente que le prestes atención y la valores. Pero una vez descubras al sabio, te sacudirás el polvo acumulado durante miles de vidas y te quedará una piel suave como la de un bebé con la que experimentar el mundo. Habrás perdido la razón y recuperado tus sentidos.

No te identifiques con tus pensamientos

En muchas tradiciones orientales, se llega al sabio mediante la práctica de la meditación. Los meditadores pasan los primeros años de su práctica sentados en un cojín y observando la locura de la mente, como una mala película que se repite una y otra vez. Cuando me siento a meditar por la mañana y en lo único que puedo concentrarme es en mi espalda dolorida, dejo que mi mente permanezca ahí. Si intento obligarla a que vuelva a centrarse en la respiración, sé que no va a funcionar. Lo que hago es identificarme con el sabio, que lo observa todo y sonríe ante la estupidez de la vida. Como no hay ningún conflicto, la mente se disuelve de manera progresiva. La espalda me puede seguir doliendo, pero no me identifico con ella, y no me hace sufrir. Los pensamientos siguen apareciendo y desapareciendo, pero mi atención reside en el cielo despejado que es el sabio.

Cuando quiero encontrar al sabio, me hago estas simples preguntas: «¿De quién es esa espalda dolorida?» y: «¿Quién es el que está haciendo la pregunta?». Y allí está, el sabio. Puedes usar esta indagación con cualquier cosa que hagas. Puedes preguntar: «¿Quién está sentado aquí meditando?» o: «¿Quién está leyendo este libro?». Y luego, «¿Quién está haciendo la pregunta?». La respuesta final siempre es el sabio.

Una vez encuentres al sabio, él te mostrará cómo todo lo que consideras real no es más que una proyección. El mundo es una pantalla de cine, y lo que aparece en ella es tu sueño o tu pesadilla. El sabio está sentado en una cómoda silla contemplando cómo se desarrolla el drama. A veces se levanta para tomar una taza de té, consciente de que la película seguirá cuando regrese. La pregunta que surge es cómo el sabio puede ser tan tonto para pensar que él es la trama que se está desarrollando en la pantalla.

¿Te has quedado alguna vez tan absorto leyendo un libro que has perdido el sentido del tiempo y comenzado a sentir las vidas de los personajes de esa obra? ¿Has visto alguna vez una película que te haya hecho llorar o que te haya asustado tanto que tuviste pesadillas durante varios días? Pues bien, la película creada por la sociedad nos ha producido un trance semejante, y creemos que lo que estamos viendo es real. Pero el sabio puede cambiar lo que aparece en la pantalla —de hecho, él es el único capaz de hacerlo.

El sabio lo arregla todo interiormente, asignándole nuevos papeles a los actores, cambiando la bobina o apagando del todo el proyector. En lugar de intentar cambiar las cosas en el nivel físico, él encuentra una solución espiritual para cada problema, no importa lo difícil que sea.

Una vez descubras que eres el sabio, la locura de la mente sólo ocupará una pequeña parte de tu conciencia, mientras que antes ocupaba el cien por cien de tu atención. En este punto se hace más fácil alcanzar el nivel del águila —las viejas suposiciones se disuelven a medida que contemplas las situaciones con nuevos ojos—. Cuando practico esto con un cliente que ha venido a verme porque padece una enfermedad mortal, por ejemplo, ya no percibo miedo, peligro o muerte como las únicas posibilidades; en su lugar, veo simplemente la oportunidad de una gran curación.

RECONOCER LA FORMA EN QUE ESTÁS SOÑANDO EL MUNDO Y HACIÉNDOLO REALIDAD

Cuando viajé a Perú por primera vez, me sentí abrumado por la pobreza del lugar y por la cantidad de mendigos que me cercaban en las calles. Me conmovió tanto la pobreza que vi que estaba dispuesto a dar todo el dinero que llevaba encima, e incluso a veces la ropa que vestía. Un día, un amigo me sugirió que hiciese una donación a una de las muchas instituciones de caridad que había en Cuzco. Y me dijo: «Una vez que ya no veas a la parte herida de ti mismo en cada uno de estos niños, ya no te sentirás obligado a alimentar a todos los mendigos, y ellos te dejarán en paz».

Seguí su consejo. Hice una generosa donación (que era mucho más de lo que me podía permitir en esa época) a un orfanato católico, y comencé a considerar la posibilidad de que todos los mocosos descalzos de la calle eran partes de mí. Primero me sentí afligido y angustiado; pero con el tiempo, algo cambió dentro de mí. Ya no me sentí obligado a ayudar a todo el que veía y, en gran medida, los niños de la calle empezaron a dejarme tranquilo. Mi sueño cambió: al mirar a mi alrededor, comencé a percibir algo más que sólo pobreza —la belleza de la gente y del lugar—. Pero primero tuve que hacer una donación a una institución de caridad para que esto sucediera. Después de todo, esos niños y niñas aún vivían en una realidad donde había poco que comer, y yo tenía que hacer algo al respecto.

Un Guardián de la Tierra es consciente de que aunque tienes que cambiarlo todo internamente, sigues teniendo una responsabilidad hacia los demás y hacia el planeta. La forma de modificar el sueño consiste en apropiarse de todo lo que veas que vaya mal en el mundo: la fealdad, la violencia, la belleza y el poder. Percibe cada niño hambriento, cada criminal violento, cada persona rica y famosa, cada río contaminado, cada isla tropical como si fueran un sueño y tú estuvieses soñando cada personaje, cada escenario y cada giro en la trama.

El gran estudioso de las mitologías Joseph Campbell dijo una vez que lo que llamamos realidad comprende sólo aquellos mitos e historias que aún no hemos descifrado. Una vez lo hemos hecho, comprendemos que no son más que cuentos de hadas. Obtenemos esta comprensión al mirar a través de los ojos del colibrí. Por eso me ha resultado tan fácil ser antropólogo —podía llegar a un pueblo perdido en la Amazonia y ser el único en ver que el emperador estaba desnudo (en algunos de los pueblos que visité, esto era literalmente cierto).

Podemos ver el sueño (o la pesadilla) en que otros se encuentran atrapados con mucha más facilidad que el nuestro. Nos damos cuenta rápidamente de que nuestro amigo está creando su propia desgracia, pero seguimos creyendo que nuestro propio sufrimiento es el resultado de alguna desgracia que se nos ha caído encima. Pero cuando descubrimos que la realidad es realmente un sueño, podemos despertarnos de nuestra pesadilla colectiva, y lo que antes estaba escondido se hace ridículamente aparente. Podemos ver, por ejemplo, que no seremos capaces de satisfacer nuestras necesidades espirituales comprándonos un coche más grande, que no podemos mejorar a nuestros hijos obligándolos a cambiar y que el progreso no es la cura para la pobreza. Por tanto, vendemos el cochazo, nos transformamos nosotros mismos y observamos cómo cambian nuestros hijos; de esta manera comprendemos las formas en que el progreso y la modernidad causan pobreza.

Recuerdo haber estado sentado frente a la economista india Vandana Shiva cuando explicó cómo los cincuenta mil millones de dólares de ayuda económica que los países pobres reciben de Occidente están más que compensados por los quinientos mil millones en concepto de intereses que las naciones en desarrollo remiten a los países desarrollados para pagar embalses y megaproyectos hidroeléctricos de dudoso valor. Casi no toqué mi comida mientras ella explicaba que los campesinos de subsistencia no eran pobres: simplemente todo lo que obtenían era para su propio consumo —es decir, los límites del consumo humano estaban determinados por lo que la naturaleza proveía—. En lugar de intentar cambiar el curso de un río para hacer que la tierra de un clima árido produjese una abundante cosecha del producto más rentable, los campesinos plantaban lo que crecía naturalmente y no sobreexplotaban la tierra.

Sin embargo, las ciencias económicas occidentales introdujeron la creencia de que estos campesinos tenían que producir más de lo que consumían para crear riqueza y así lograr una mayor «calidad de vida». De este modo, los labradores indios abandonaron la tierra familiar para vivir miserablemente en ciudades como Nueva Delhi, y la agricultura de subsistencia fue reemplazada por enormes explotaciones agrícolas. En la actualidad, entre doscientos cincuenta y trescientos millones de indios que antes trabajaban en parcelas familiares sobreviven con menos de un dólar diario y no tienen agua potable, asistencia sanitaria ni educación. Tampoco pueden esperar un futuro mejor para sus hijos. Sin embargo, nos aferramos al viejo sueño según el cual bastaría con crear más riqueza para que sus problemas desaparecieran como por arte de magia.

Soñando un mundo distinto

Si el camino del sabio es verdadero, tiene que poder aplicarse no sólo a nuestro universo personal y privado, sino también al mundo en su totalidad. Entonces, ¿cómo soñar un mundo completamente distinto?

Si ves que la mantequilla de Nueva Zelanda que se vende en el supermercado de tu barrio es más barata que la hecha por un granjero local, soñar un mundo distinto implica reconocer que esto no significa realmente que la mantequilla de Nueva Zelanda sea más barata. Sabes que existe un coste para el medio ambiente cuando camiones, trenes y barcos transportan la mantequilla a través de largas distancias; y cuando compras la proveniente de un país lejano, el granjero local sufre las consecuencias y se le hace más difícil mantener su negocio y su nivel de calidad. Comprendes que el coste real de la mantequilla de Nueva Zelanda es de hecho más alto que el de la marca producida localmente.

Sueñas un mundo distinto en el nivel literal comprando productos de fabricación local, desenchufando la televisión y enseñándoles a tus hijos a no dejarse engañar por los innumerables anuncios que los bombardean. Sin embargo, cambiar tus hábitos de compra no es suficiente. Vas a querer intervenir no sólo en el nivel literal de la serpiente, sino también en el del Espíritu (águila), donde puedas trascender el tiempo y entrar en el reino de lo intemporal y lo incognoscible.

Todos hemos reunido muchos pedazos de información sobre el mundo que experimentamos con nuestros sentidos y reconocemos que más allá de nosotros mismos reina lo desconocido, pero en el nivel del águila admitimos que junto a lo conocido y lo desconocido se encuentra lo *incognoscible*. En otras palabras, cuando sigues el camino del sabio, vas más allá de las verdades que has aceptado y comienzas a entrar en aquello que no puede ser conocido a través de los sentidos, sino que sólo puede experimentarse. Seguir confinado en tu cabeza y acumular más información no te va a servir de nada a estas alturas —tienes que dar un salto cuántico y cambiar tu forma de adquirir conocimientos—. Esto lo lograrás mediante las siguientes prácticas: la práctica del dominio del tiempo, la de adueñarte de tus proyecciones, la de la no mente y la de la alquimia indígena.

LA PRÁCTICA DEL DOMINIO DEL TIEMPO

Para dominar el tiempo, tienes que abandonar la idea de que el efecto sigue a la causa, y entrar en la corriente de la intemporalidad.

En Occidente, se nos ha enseñado que el tiempo sólo fluye en una dirección, y que el futuro siempre está delante de nosotros y el pasado atrás. Éste es el *tiempo monocrónico*, que fluye de forma lineal, avanzando lentamente día a día. Pero el tiempo no sólo avanza como una flecha; también gira como una rueda. Por eso el tiempo no lineal, o *tiempo policrónico*, es considerado sagrado. Aquí el futuro se filtra en el presente para convocarnos, y podemos cambiar acontecimientos que ya han sucedido.

El principio operativo más importante del tiempo lineal es la causalidad, o causa y efecto, que constituye la base de la ciencia moderna: *esto* ocurre, por lo tanto *aquello* ocurre. La causalidad quiere decir que el pasado siempre está moldeando el presente. Creemos que nuestra vida es un desastre porque nuestros padres no nos quisieron lo suficiente cuando éramos niños o porque descendemos de una larga línea de inadaptados. Pero cuando nuestra percepción del tiempo es circular, el principio operativo más importante es la sincronicidad o la producción fortuita de los acontecimientos. Lo que llamamos coincidencia o suerte es un principio operativo tan importante como la causalidad.

Los laikas creen que el hecho fortuito de los acontecimientos, como cuando dos personas se encuentran accidentalmente, es tan significativo como su causa (por qué esas dos personas se hallaban en el mismo lugar a la misma hora). La sincronicidad está más interesada en el propósito y el significado de un acontecimiento que en su causa.

Esto me recuerda al poeta Robert Bly cuando contaba la historia de Manolete, uno de los más grandes toreros de España. En su niñez, Manolete era flaco y enclenque, un niño miedoso que se agarraba al delantal de su madre y que le tenía pánico a los matones de su escuela. Los psicólogos explicaron su vocación de matador de toros como un mecanismo compensatorio —es decir, estaba intentando probarse a sí mismo y a los demás que era realmente un hombre valiente—. Pero Bly sostiene que Manolete podría haber tenido el presentimiento de que un día se iba a enfrentar en el ruedo a locomotoras de ochocientos kilos, y esto le habría dado todos los motivos para tener miedo en su niñez.

Por lo tanto, si el tiempo fluye realmente en más de una dirección, el futuro puede atraernos hacia sí de la misma forma que el pasado nos empuja hacia delante. El motivo por el cual no lo hace así es porque percibimos el tiempo de manera lineal. Los laikas saben que la causa de un acontecimiento presente puede de hecho estar en el futuro.

- En otras palabras, en los días en que te toquen todos los semáforos en rojo cuando vayas camino al trabajo, no comiences a pensar que deberías haberte quedado en cama porque el universo está conspirando contra ti. Más bien, reconoce que estás operando en un tiempo sagrado y que el universo está conspirando a tu favor. Hace que el tren salga con tres minutos de retraso porque ése es el tren que debes tomar, o hace que te toquen todos los semáforos en rojo porque ése no es el tren que deberías tomar.

Si percibimos el tiempo de esta forma, no nos irritamos ni nos reprochamos: «¿Cómo he podido ser tan estúpido para perder este tren? ¿Por qué tengo tan mala suerte?». Nuestro nivel de estrés se reduce enormemente porque confiamos en que tanto la buena como la mala suerte forman parte de un gran plan.

Hay una antigua historia zen que ilustra este punto. Un granjero tenía un caballo, pero un día el animal huyó, y el granjero y su hijo tuvieron que arar la tierra solos. Los vecinos le dijeron: «Oh, ¡qué mala suerte que se haya escapado el caballo!». El granjero simplemente contestó: «Mala suerte, buena suerte... ¿Quién puede saberlo?».

A la semana siguiente el caballo regresó a la granja, acompañado de una horda de caballos salvajes. «¡Qué suerte!», exclamaron los vecinos, pero el granjero respondió: «Mala suerte, buena suerte... ¿Quién puede saberlo?». Luego su hijo intentó domar a uno de los caballos salvajes, fue derribado y se fracturó una pierna. «Ah, ¡qué mala suerte!», se compadecieron los vecinos, y de nuevo el granjero contestó: «Mala suerte, buena suerte... ¿Quién puede saberlo?».

Unas semanas después, el rey reclutó a todos los jóvenes del país para participar en una guerra. El hijo del granjero, con la pierna rota, quedó exento. «¡Qué suerte que tu hijo se haya librado de ir a la guerra!», exclamaron los vecinos. Y el granjero comentó: «Mala suerte, buena suerte... ¿Quién puede saberlo?».

LAS VENTAJAS DEL TIEMPO SAGRADO

Tomarte las cosas como algo personal cuando el mundo no se ajusta a tus expectativas produce estrés, y los estudios realizados en la Universidad de Harvard han revelado que el 95% de las enfermedades son causadas o exacerbadas por el estrés. Imagina lo que puede sucederle a tu nivel de tensión cuando sales de la causalidad y entras en el tiempo sagrado. Te adentrarás en un mundo en que nunca estás atrasado o adelantado —simplemente llegas cuando llegas, y sucede que todo el mundo también se presenta en el momento adecuado.

El dominio del tiempo no quiere decir que dejamos de cumplir nuestros compromisos y no llegamos nunca a la hora acordada, sino más bien que mantenemos un estado de *ayni* tan perfecto que siempre aparecemos en el momento adecuado. Al dominar el tiempo, le damos una oportunidad al universo para que haga lo que hace de manera natural, es decir, conspirar a nuestro favor. Abandonamos la creencia de que tenemos que manipular el mundo que nos rodea y «asumir el control» para que las cosas salgan bien. Descubrimos que, desde la perspectiva del águila, sólo necesitamos el 5% de nuestra energía para afectar al mundo de la forma que queremos, no el 95%. Esto es debido a que podemos resolver los problemas en el futuro, antes de que ni siquiera hayan nacido.

Salir del tiempo lineal también nos permite entrar en el dominio intemporal desde donde el universo se está soñando a sí mismo. Dentro de este tiempo sagrado, podemos encontrar el destino más deseable para nosotros mismos y elegirlo. Y una vez lo hayamos hecho, seremos capaces de cambiar fácilmente el camino que seguimos.

Una de mis alumnas había luchado durante años para encontrar tiempo para pintar, una actividad que consideraba su vocación. Pero con tres hijos pequeños y un trabajo a jornada completa, le resultaba imposible. Además, como casi no tenía tiempo para cocinar, consumía comida rápida, y había engordado quince kilos. El aumento de peso había afectado a su autoestima y había hecho que perdiera la confianza en sí misma. Pensó que antes de poder volver a coger un pincel, tenía que comenzar a alimentarse bien y a hacer ejercicio... y también debía acondicionar la habitación que usaba como trastero para poder convertirla en un estudio... etcétera, etcétera.

Aunque cada tarea que mi alumna se había impuesto parecía desalentadora e infranqueable, después de experimentar el tiempo sagrado, fue capaz de descubrir la artista que llevaba dentro e instalarla en su futuro. Comenzó a turnarse con otras madres para ir a buscar a los niños al colegio, a comprar alimentos más nutritivos y a preparar una comida más sana para su familia. Se olvidó de acondicionar un estudio para pintar, instaló su caballete en el jardín y descubrió que el tiempo se organizaba a sí mismo para ayudarla en su proyecto artístico.

Cuando practicamos el dominio del tiempo, somos capaces de llegar al final del camino que hemos elegido en lugar de al que ha sido elegido para nosotros por las estadísticas. Por ejemplo, tengo clientes con enfermedades de mal pronóstico, y las estadísticas dicen que probablemente morirán de la misma forma que otros pacientes con la misma enfermedad. Sin embargo, al acceder al tiempo sagrado, estas personas son capaces de encontrar una de las pocas líneas del destino que lleva a un resultado más favorable, e instalar ese resultado en su futuro. Después de eso, tienen más posibilidades de vencer el pronóstico y recuperar la salud, o una transición apacible y sin dolor.

COMPRENDER EL TIEMPO NO LINEAL

Aunque hayamos llegado a creer que el tiempo es una realidad física que se mueve a una velocidad fija, cuando practicamos el sueño, el tiempo no tiene una dirección. No se mueve a lo largo de una línea recta, como cuando soñamos con un pariente fallecido hace mucho tiempo y luego con nuestros hijos. Y no existe la causalidad: cuando soñamos el mundo y lo hacemos realidad, el futuro no tiene por qué construirse sobre el pasado, y éste no tiene por qué predeterminar nuestro presente.

En el tiempo sagrado, tanto el futuro como el pasado están disponibles, y todo ocurre al mismo tiempo —sólo podemos soñar el mundo y hacerlo realidad desde este lugar intemporal—. Y cuando elevamos nuestra percepción hasta el nivel del águila, nos encontramos más cerca de experimentar esta infinitud. En lugar de esperar un día lejano en el que poder recuperar nuestra naturaleza original y regresar al Edén, los Guardianes de la Tierra nos dicen que ahora es el momento perfecto para adentrarnos en la infinitud, recuperar nuestra naturaleza divina y vivir con belleza en este mundo.

La eternidad es una interminable secuencia de acontecimientos; la infinitud, en cambio, es un lugar anterior y posterior al tiempo, anterior al Big Bang y posterior al colapso del universo. Es decir, la infinitud está fuera del tiempo. En este lugar de infinitud, puedes influenciar los acontecimientos que sucedieron en el pasado y darle un empujoncito al destino. En este lugar, el futuro te está apremiando tanto como el pasado. Puede que nunca sepas por qué perdiste el tren o por qué esto hizo que te encontraras con un antiguo compañero de trabajo, pero eres consciente de que estos acontecimientos tienen un sentido y suceden por alguna razón. Tienes confianza en que tu comprensión siga a tu experiencia en lugar de precederla. No importa lo desagradable que haya sido el momento en que perdiste el tren, lo aceptas plenamente, consciente de que grandes cosas les suceden a los que confían en el Espíritu.

Un Guardián de la Tierra comprende que si quieres cambiar una situación, tienes que comenzar por aceptarla tal como es. Reconoces que este momento es perfecto —y luego puedes transformar todo lo que quieras.

Cuando te sales del tiempo y te adentras en la infinitud, el pasado y el futuro te revelan sus secretos —puedes ver el día de mañana y el de pasado mañana, e incluso el día en que vas a morir. Es importante borrar esto de tu memoria consciente a fin de que puedas estar plenamente presente en el momento durante cada día de tu vida. Quieres despertarte exclamando: «¡Qué maravilloso día es hoy!», en lugar de: «Éste es el día en que voy a morir», o: «Dentro de exactamente un año voy a morir» o cualquier cosa de ese tipo. No quieres verte atrapado nuevamente en el tiempo, concibiendo la muerte como un depredador y olvidando tu naturaleza original. Esto quiere decir que es mejor evitar que tu ego se entere de los secretos que aprendas en este lugar.

Verás, hace doce mil millones de años, la inmensa fuerza que conocemos como Dios, y que existía en un vacío inmanifestado, decidió experimentarse a sí mismo. Con una gran explosión, formó toda la materia en nuestro universo y

luego continuó explorándose a sí mismo a través de innumerables formas —desde la roca hasta el saltamontes, desde la luna hasta el elefante—. Sin embargo, como esta
inmensa fuerza era omnipresente y omnisciente, cada una
de sus manifestaciones también poseía estas cualidades.
Para conocerse a sí mismo a través de sus muchas formas,
la naturaleza de su ser debía ser mantenida en secreto,
incluso de sí mismo.

Cuando nos salimos del tiempo lineal y experimentamos la infinitud, recuperamos nuestra naturaleza original,
que es Dios. Cuando regresamos al reino del tiempo, perdemos esa conciencia para poder experimentar la vida en
un mundo regido por el reloj, y esto es lo que se espera que
hagamos. Volvemos a la vida cotidiana sin ser conscientes
de que somos Dios y de que estamos soñando todo lo que
sucede. Así pues, mientras seguimos con nuestras vidas, el
conocimiento de nuestra naturaleza original nos lleva a
ponernos al servicio de nuestras experiencias en lugar de
esperar a que ellas se pongan a nuestro servicio. Es decir, en
lugar de preparar una comida con la expectativa de que nos
sirva de alimento, nos ponemos al servicio de la preparación de esa comida, infundiéndole un significado a la experiencia. Ya no les buscamos un significado a las situaciones,
sino que nosotros mismos le proporcionamos un sentido y
un propósito a cada ocasión; ya no buscamos la verdad o la
belleza, sino que le aportamos belleza y verdad a cada
situación.

A menudo esperamos que los rituales sean experiencias que nos presten un servicio, haciéndonos sentir patrió-
ticos, santos, orgullosos, unidos a los demás, etcétera. De

este modo, no estamos habituados a abrirnos a la belleza, el absurdo y el drama que cualquier experiencia nos pueda proporcionar. Cuando era niño, recuerdo haber pensado que mi Primera Comunión iba a ser una experiencia profundamente transformadora, ya que iba a llenarme con el poder y la luz del Espíritu Santo. Pero cuando el sacerdote me puso la blanca y pegajosa oblea en la boca, no sentí ninguna trascendencia en absoluto. No comprendí que de mí dependía convertir ese momento en una experiencia profunda.

Si mantenemos a mano el conocimiento de nuestra naturaleza omnipresente y omnisciente, y somos conscientes de ella en todo momento, nunca tendremos que ir en busca de experiencias trascendentales o de la iluminación. Sabremos que todo lo que hagamos es sagrado, y ya no iremos en busca de la verdad, de la belleza, de un sentido o de un propósito. Cancelamos la búsqueda e incorporamos belleza en cada acción y verdad en cada encuentro. Después de haber estado en ese lugar de intemporalidad, nos será más fácil estar presentes en el momento en lugar de pensar en lo que deberíamos haber hecho, estar haciendo o hacer más adelante. Sea lo que sea que estemos haciendo —besando a la persona amada o barriendo el suelo—, nos perdemos en ese instante, y esto es una completa perfección.

LA PRÁCTICA DE ADUEÑARTE
DE TUS PROYECCIONES

Para adueñarte de tus proyecciones, debes descubrir y reconocer las partes de ti mismo que te has negado a ver. Resulta que todo lo que crees que es verdad sobre la gente que te rodea, o sobre las situaciones en que te encuentras, refleja una historia que tienes sobre la forma en que funciona el universo. Cuando comprendes esto, examinas detenidamente cada situación difícil de tu vida y luego la cambias desde dentro.

Lo que Heisenberg observó acerca del mundo subatómico también es cierto en nuestra dimensión —es decir, alteramos cualquier cosa que veamos por el mero hecho de observarla—. Pero para cambiarla primero debemos reconocer que estamos viendo en los demás un reflejo de nuestros yoes escondidos.

El psicólogo Carl Jung denominó la *sombra* a estas partes escondidas, y encontró que la metáfora le servía para comprender los aspectos ocultos de la humanidad. ¿En qué grado eres consciente de tu sombra física? Haz una pausa y búscala ahora mismo, en el suelo o sobre la mesa. Siempre está ahí, siguiéndote adondequiera que vayas, y, sin embargo, casi nunca eres consciente de ella. A veces proyectamos una sombra muy larga, como cuando se pone el sol, y en ocasiones es muy pequeña, como cuando el sol está en su cenit. Cuando te adueñas de las partes de ti mismo que te hacen sentir incómodo, ya no culpas a nadie por tu dolor o infelicidad. Entonces brillas con luz propia, como el sol, que es el único objeto que no proyecta una sombra.

Nuestras sombras son aquellas partes de nosotros mismos que nos hacen sentir que no somos lo suficientemente buenos, que no nos quieren o que somos un fracaso y nunca seremos felices; y la *proyección* es el mecanismo mediante el cual estas características negativas son asignadas a otras personas. Los individuos tienen sombras, pero también los grupos. El político que es un homosexual encubierto y que pide públicamente que se limiten los derechos de los homosexuales es un claro ejemplo de cómo un individuo puede proyectar una sombra negativa sobre los demás. Hasta que pueda resolver su problema interior, seguirá proyectando sobre los demás el odio que siente por sí mismo. Otro ejemplo es cuando alguien culpa a los republicanos (o a los demócratas) de todos los problemas que existen en los Estados Unidos.

Un buen ejemplo de sombra colectiva lo constituyen los nazis. En la década de los treinta del siglo pasado, Alemania sufría una depresión. Sin embargo, muchos judíos prosperaban, convirtiéndose en exitosos científicos, intelectuales, músicos y empresarios. Los nazis proyectaron su sombra colectiva sobre ellos, culpándolos de todos los problemas de su país. No podían soportar la idea de que su incapacidad para crear grandes obras de arte o para prosperar económicamente pudiese deberse a sus propias carencias, así que se pusieron a buscar un chivo expiatorio. Esto fue una opción mucho más popular que enfrentarse a la realidad y esforzarse por superar sus propias carencias o resolver los problemas de su cultura. La proyección es el mecanismo que nos dice: «*Ellos* son el problema».

Por otro lado, también proyectamos sombras positivas. Por ejemplo, mucha gente que se siente poco atractiva y tiene problemas para aceptar su propia belleza la proyecta sobre las estrellas de cine. Estas personas sienten fascinación por las hermosas criaturas del Olimpo de Hollywood y están incluso dispuestas a someterse a una cirugía plástica con tal de ser tan atractivas como sus ídolos. Pero ninguna cantidad de implantes o de operaciones va a ser suficiente para hacer que se sientan atractivas. Marianne Williamson dijo una vez que no es a nuestra oscuridad a la que le tenemos miedo, sino a nuestra luz. Ella se refería a cómo la mayoría de nosotros desechamos nuestra propia belleza y nuestro gran talento, menospreciándonos y empequeñeciéndonos.

Proyectas cada aspecto de tu sombra sobre el mundo, sea éste positivo o negativo. Y el universo es tan fluido que se organizará para dar cabida a tus proyecciones y darte la razón cada vez. Si en lo más profundo de ti mismo crees no tener ningún poder, ningún talento, ningún atractivo, el universo te va a dar la razón. Del mismo modo, si no tienes ninguna duda de que existe una gran bondad, gracia y poesía en tu interior, el universo te ofrecerá la oportunidad de manifestar estos atributos. Esto no quiere decir que Hollywood vaya a precipitarse a tu puerta o que tu libro se vaya a disparar a lo más alto de la lista de *bestsellers* —pero sí quiere decir que podrás sacar a relucir tu creatividad y tu talento.

Cuando te das cuenta de que todo lo que experimentas como «no tú» es una proyección de tu sombra, puedes cambiar el mundo adueñándote de tus proyecciones.

Observa que no he mencionado el «adueñarte de tu sombra» —un concepto de la psicología popular en Occidente. Los laikas comprenden que la proyección es simplemente un tipo inferior de sueño y que lo importante es descubrir el mecanismo a fin de que podamos emplearlo para soñar de una forma superior.

Desgraciadamente, con la psicología, cuanto más te adueñas de tu sombra, mayor puede ser la oscuridad. Esto ocurre porque intentas reescribir el guión en lugar de hacer uno nuevo. En lugar de eso, practica adueñarte de tus proyecciones, porque cuando lo hagas, la sombra se hará muy pequeña. Puedes comenzar por convertir una historia como «mi pareja me está haciendo infeliz» en «me estoy haciendo infeliz a mí mismo». Tu pareja está simplemente procediendo como suele proceder, pero no te está haciendo infeliz —sólo tú puedes hacer eso—. Cuando te adueñas de la proyección, dejas de interpretar el papel de víctima. Por supuesto, esto no quiere decir que te tienen que gustar comportamientos que encuentras inaceptables. Tu pareja va a tener que mejorar su capacidad de comunicación, pero tu felicidad ya no dependerá de si lo hace o no.

Sin embargo, adueñarte de tus proyecciones no es suficiente. Si vas a soñar el mundo de otra manera, tienes que convertir tu proyección en una historia de gracia y poder, a la que llamaremos una *declaración de viaje*. Por ejemplo, podrías decir: «Cuando me hago feliz a mí mismo, todos los que me rodean me devuelven el reflejo de este sentimiento». De este modo, reafirmas tu poder sobre tu propia felicidad y puedes buscar en tu interior los recursos necesarios. Esto invitará al siempre complaciente universo a que te apoye.

Digamos que una madre divorciada descubre que cuando sus hijos estuvieron con su ex marido durante el fin de semana, él les permitió hacer cosas que ella les había prohibido. Ella podría adueñarse de la proyección: «Mi ex marido está intentando hacerme daño a través de mis hijos» diciéndose a sí misma: «Estoy haciéndome daño a mí misma y a mis hijos». Como puedes ver, su ex marido ya no está haciendo nada para herirla —simplemente está actuando como suele hacer (que es probablemente la razón por la cual ella se divorció de él)—. No necesita castigar a sus hijos por no obedecerla cuando están en casa de su padre.

Luego puede convertir su proyección en una declaración de viaje, diciendo: «Como me amo a mí misma, puedo amar plenamente a mis hijos y enseñarles cómo amar». Entonces su mente no echará mano del pensamiento de que ella está siendo la noble salvadora, protegiendo a sus hijos de su ex, y ya no necesitará escribir una historia en que él es el malo de la película. Ella y sus hijos serán más felices gracias a eso. (Por supuesto, no va a tolerar ningún comportamiento peligroso o impropio, pero ya no necesita afirmar que ella es la que tiene razón y que su ex marido es el que está equivocado.)

Ten en cuenta que una declaración de viaje es algo distinto a una afirmación positiva, que en el ejemplo anterior sería *me amo a mí misma, y amo plenamente a mis hijos*. Las afirmaciones positivas funcionan, pero a menudo son una mezcla de deseos e ilusiones. Por ejemplo, esa afirmación positiva sugiere que en el fondo no te amas realmente a ti misma —después de todo, cuando es así, no necesitas afirmarlo.

Una declaración de viaje es una orden dirigida a tu subconsciente que te hace emprender un cierto camino, diciéndole al Espíritu la dirección que quieres seguir. Esta declaración te recuerda que la elección y el poder son tuyos, y deja muy clara cuál es la recompensa: «Cuando me amo a mí misma, puedo amar plenamente a mis hijos». Esta declaración ayuda a que la mujer del ejemplo pueda escapar del triángulo de los arquetipos de tres relaciones: ya no es la víctima de la negativa de su ex marido a educar a los hijos como a ella le gustaría, ya no es el verdugo que exige ser obedecido en todo momento por su marido y por sus hijos, y ya no es la noble salvadora, enfrentándose a su marido para proteger a sus hijos de lo que ella considera una muy mala manera de educarlos.

Esta revelación te dice que o bien puedes tener lo que quieres o bien las razones por las cuales no puedes conseguir lo que quieres. Puedes darle muchas vueltas a aquello que parece estar impidiendo que sientas alegría, paz y esperanza, y pasarte innumerables horas siguiendo un tratamiento de psicoterapia para intentar comprenderlo; o, por otro lado, puedes sentir alegría, paz y esperanza. Cuando tomas conciencia del hecho de estar soñando un mundo sin paz ni alegría, puedes elegir tu estado de felicidad. Cuando te quedas atrapado en la creencia de que la proyección es real, acabas culpando a las circunstancias por haberte dado lo que querías.

El siguiente ejercicio te ayudará a adueñarte de tus proyecciones y a convertirlas en declaraciones de viaje, lo que te permitirá liberarte de tus historias y soñar una realidad distinta.

EJERCICIO: ADUEÑARTE DE TUS PROYECCIONES

Haz una lista de tres problemas que tengas en la actualidad, usando términos simples centrados en ti mismo. Asegúrate de nombrar la situación en lugar de crear una historia completa en torno a ella. Éstos son algunos ejemplos:

1. «No puedo ser feliz cuando existe tanta infelicidad e injusticia en el mundo.»
2. «Mi ex pareja se comporta muy mal conmigo.»
3. «Todo va tan mal —no me extraña que me cueste soportar otro día más.»

Ahora aduéñate de tus proyecciones y explora las consecuencias de los pensamientos, creencias y acciones que hayas elegido. Reformula tu problema de esta forma: «*Cuando* hago tal o cual, *esto* es lo que sucede». Por favor ten en cuenta que este ejercicio no consiste en repartir culpas y en sentirse mal consigo mismo —su propósito es reconocer que estás soñando tu realidad y que puedes elegir soñar una realidad diferente. Aunque las instrucciones son muy claras, es posible que te resulten difíciles de entender, porque el ego es reacio a participar en este ejercicio.

Éstos son ejemplos de apropiación de proyecciones:

1. «Cuando sólo veo infelicidad e injusticia en mi vida, me hago infeliz a mí mismo.»
2. «Cuando me comporto mal conmigo mismo, me hago daño a mí y a mi ex pareja.»
3. «Cuando el día se me hace insoportable, todo va mal.»

Después de haberte adueñado de tus proyecciones, conviértelas en declaraciones de viaje que reflejen tus elecciones deliberadas sobre lo que pensarás, creerás y harás. Especifica los resultados que esperas lograr. Usa la forma: «Como hago esto o lo otro, éste es el resultado». Por ejemplo:

1. «Como veo alegría y justicia a mi alrededor, llevo felicidad a los otros y a mí mismo.»
2. «Como practico y encarno la paz, comparto la paz con mi ex pareja y con los demás.»
3. «Como cada día me levanto con entusiasmo, la vida me sonríe y todo va bien.»

Una vez te hayas adueñado de tus proyecciones, comprenderás que aunque cambiaras las circunstancias externas que imaginabas eran necesarias para tu felicidad, no conseguirías alcanzar la satisfacción. En el nivel literal, nada puede satisfacerte porque nada exterior a ti es capaz de llenar ese vacío interior. Mudarte a un apartamento mejor, cambiar de pareja, obtener un aumento o tener un novio rico (o una novia rica) sólo va a conseguir hacerte feliz durante un corto período de tiempo.

Desgraciadamente, la mayoría de nosotros estamos tan aferrados a nuestras historias que siempre preferimos buscarnos alguna razón para explicar por qué no *podemos* conseguir lo que queremos. Simplemente nos negamos a adueñarnos de las proyecciones. Por ejemplo, si no podemos encontrar pareja, nos decimos que es porque no hay nadie que sea adecuado para nosotros. Escribimos una historia en que no podemos encontrar el amor porque no valemos nada o porque tenemos una extraordinaria mala suerte.

Puede ser más fácil aferrarnos a la creencia de que debemos tener pareja para ser genuinamente felices, o a nuestro papel de noble salvador, y decidir que no podemos tener paz hasta haber resuelto un problema social que ha afligido a la gente durante generaciones. Sin embargo, cuando nos negamos a adueñarnos de nuestras proyecciones, echamos en falta la paz, la alegría, y la abundancia de energía, creatividad y entusiasmo que nos ayudarían a resolver un poco el problema.

Cuando te adueñas de tus proyecciones y las conviertes en declaraciones de viaje, comprendes que has estado todo el tiempo soñando el mundo y haciéndolo realidad, y que puedes despertarte de la pesadilla colectiva y convertirla en un sueño sagrado.

LA PRÁCTICA DE LA NO MENTE

Cuando la mente comienza a construir una historia sobre lo injusto que han sido con nosotros o a fantasear sobre cómo podrían ser nuestras vidas si sólo pudiésemos encontrar a la persona adecuada o una buena oportunidad, necesitamos detenerla. Los Guardianes de la Tierra hacen esto mediante la práctica de la «no mente».

Esta práctica requiere que te liberes de tus pensamientos y que entres en contacto con el sabio interior, que está más allá del pensamiento. No hace falta que te pases horas meditando para lograr esto, aunque esta práctica puede servirle de ayuda a cualquiera que quiera aprender a dominarla. Cuando tomes conciencia de cómo tu mente salta de forma estúpida de un pensamiento a otro como si fuera un mono, podrás sentarte en silencio y su actividad te parecerá algo divertido. El desfile de pensamientos continuará, pero tú ya no estarás atrapado en él. El sabio es lo único que habrá.

Entonces, podrás decir: «Ahí va mi mente, obsesionada con las injusticias que cree que sufrí. Así es como actúa mi mente cuando me siento la víctima». Pero, al poco rato, olvidarás que eres el sabio y de nuevo te identificarás con las acrobacias de tu mente. Recordarás y te preguntarás: «¿Quién fue el que sufrió una injusticia?» y: «¿Quién está haciendo la pregunta?».

Para dejar de identificarte con el parloteo mental y convertirte en el sabio, puedes hacerte preguntas como: «¿Quién está herido?», «¿Quién está enfadado?» o: «¿Quién ha llegado tarde a la oficina?». Pero lo que siempre te devuelve al sabio es: «¿Quién está haciendo la pregunta?». En el momento en que te cuestionas esto, sales del trance y la mente se disuelve. Sólo queda el Espíritu, porque el Espíritu es el sabio.

Nuestro parloteo mental sólo se detendrá cuando la mente desaparezca. Hasta entonces, lo único que podemos hacer es observar nuestros pensamientos, reírnos de nuestra «mente de mono» y no identificarnos con ella. Llegará el día en que reconozcamos que nuestro verdadero yo, el sabio, reside en medio de la tormenta y no se ve afectado por toda la conmoción que nos rodea —como la pelea con nuestra pareja, la avería del coche o la úlcera de estómago—.

Y entonces el caos que nos rodea disminuirá porque habremos comprendido que no es más que el reflejo de lo que sucede en nuestra mente. Lentamente pero sin freno, el sabio prevalece, y poco a poco la pantalla de nuestra realidad se va convirtiendo en un lienzo vacío sobre el que podemos crear y soñar.

No puedes «decidir mentalmente» dar un paso atrás y convertirte en el sabio porque, una vez que lo hagas, la mente desaparecerá... y ella lo sabe. De modo que para protegerse a sí misma, la mente intentará confundirte y darte mil motivos para no que sigas esta práctica. Por eso sólo puedes descubrir el sabio preguntándote: «¿Quién está haciendo esta pregunta?» —o consumiendo sustancias alucinógenas. Bajo la influencia de estos alucinógenos, la mente se disuelve, el ego se derrite y todo lo que queda es el Espíritu observándose a sí mismo—. Sin embargo, para evitar experiencias engañosas o negativas, estas sustancias sólo deben ser consumidas bajo la supervisión de un chamán. De lo contrario, los alucinógenos pueden hacer mucho daño.

Recuerdo la primera vez que probé la legendaria *ayahuasca* en la selva amazónica. Cuando bebes esta poción, dejas atrás el yo ordinario que se identifica con tu trabajo, tus roles, tu familia e incluso tu historia personal. La siguiente es una transcripción de una de mis primeras experiencias con la ayahuasca. Aparece en mi libro *Dance of the Four Winds* (escrito con Erik Jendresen):

Me estoy moviendo. Y respirando.

Estoy avanzando a través de un *collage* con múltiples capas de hojas y enredaderas, con colores rojos, amarillos y verdes que adquieren un tono plateado a la luz de la luna. Mi cabeza cuelga cerca del suelo. Voy más rápido, jadeo. La tierra cede bajo mis pies... ¿y manos? Mis miembros se mueven al ritmo de los latidos de mi corazón. Mi aliento es caliente y húmedo; mi corazón late demasiado rápido, y puedo sentir mi propio olor entre los muchos olores de la jungla. Hay un claro, y ahí estoy yo, sentado con las piernas cruzadas, desnudo y brillando a la luz de la luna. Mi cabeza está echada hacia atrás y mi garganta está tensa, expuesta. Con los brazos a un costado y las palmas de las manos hacia arriba, me observo a mí mismo desde el borde de la jungla, y sólo se escucha el ruido de mi respiración. Detrás de mí, la jungla se agita, insomne.

Me muevo con la ligereza de una sombra, siguiendo el contorno del claro para rodear mi presa. Sin el menor ruido. Acercándome cada vez más.

Ahora estamos respirando juntos. Inclino la cabeza hacia delante. Toco el pecho con la barbilla. Levanto la cabeza, abro los ojos para fijar la mirada en unos ojos amarillos de gato, mis ojos, ojos de animal. Se me hace un nudo en la garganta, y estiro la mano para tocar el rostro del felino de la jungla.

Después de muchos años de meditación, y después de una década estudiando las plantas medicinales de la Amazonia, descubrí que no necesito dispositivos externos para descubrir el sabio que siempre ha existido. Él estaba ahí antes de que mi cuerpo naciera. Después de todo, no soy mi cuerpo —sólo resido en él— y el sabio seguirá ahí mucho tiempo después de que mi cuerpo haya regresado a la tierra.

El siguiente ejercicio te ayudará a descubrir, o a redescubrir, el sabio que existe en tu interior.

EJERCICIO: LA INDAGACIÓN

Siéntate cómodamente en tu silla favorita y baja las luces de la habitación. Enciende una vela, si quieres, pero sobre todo asegúrate de encontrar un lugar totalmente silencioso porque lo que quieres hacer es escuchar el parloteo de tu mente. Cierra los ojos y respira profundamente y con regularidad... Cuenta tus respiraciones de una a diez, y luego vuelve a empezar.

Después de algunos minutos, puede que te des cuenta de que estás contando hasta 27 o 35, debido a que tu atención se ve absorbida por las cosas que debes hacer más tarde, por el trabajo pendiente o por el problema que tienes con alguien. O quizá haya una canción sonando dentro de tu cabeza (una vez, durante un retiro meditativo, ¡no pude sacarme de la cabeza la canción de los Beatles *Submarino Amarillo* durante toda una semana!).

Vuelve a contar tus respiraciones desde el principio. Ahora pregúntate a ti mismo: «¿Quién está enfadado?», «¿Quién está atrasado?», «¿Quién está respirando?», y luego: «¿Quién está haciendo la pregunta?». Quédate en silencio, y observa lo que sucede cuando te haces esta pregunta.

❖

Intenta hacer esta indagación con regularidad a lo largo del día, incluso cuando no estás sentado en meditación. Cuanto más a menudo surja el sabio en tu conciencia, más prolongadas serán sus apariciones. Gracias al sabio, pasarás del nivel de la serpiente al nivel del águila, y podrás tomar conciencia del gran lienzo vacío de la creación, y de tu poder para soñar en él un mundo de gracia y belleza.

LA PRÁCTICA DE LA ALQUIMIA INDÍGENA

Para practicar la alquimia indígena, seguimos un proceso de cuatro pasos para trascender nuestros roles y situaciones.

La alquimia de los europeos tenía que ver con colocar materia muerta como azufre y plomo en un crisol, ponerla al fuego y esperar a que esas sustancias se convirtiesen en oro. La alquimia de los Guardianes de la Tierra era diferente: ellos situaban materia viva en el crisol de la tierra y dejaban que el fuego del sol la calentara, haciendo así crecer el maíz, el dios vivo. Los indígenas americanos eran gente práctica que cultivaba su sabiduría junto con su maíz. Por eso decimos que «tienes que cultivar maíz» con todo lo que dices o haces; de otro modo, estás perdiendo el tiempo con conversaciones y actividades inútiles, y permanecerás atrapado en roles y situaciones, sin aprender nada y sin cultivar nada.

Los laikas son agudos observadores de la naturaleza y se fijan en cómo la colmena y el hormiguero se comportan como un solo organismo con muchas partes independientes.

Observan cómo las hormigas cultivan hongos en el hormiguero y cómo las abejas logran comunicarse unas a otras la localización de las flores mediante una intrincada danza aérea. Comprenden que la colmena es la mejor forma de satisfacer las necesidades de supervivencia de una abeja, y que la colonia de hormigas es la que mejor puede asegurar el bienestar de cada uno de sus miembros. Para los Guardianes de la Tierra, la colmena y la colonia de hormigas son simplemente ejemplos de la alquimia indígena, de cómo la vida busca niveles más elevados de orden y complejidad mediante la creación de estos seres colectivos que conocemos como hormigueros y colmenas.

Del mismo modo, la mejor manera de resolver los problemas de las células (como la necesidad de alimento y calidez) es hacerlo en un nivel superior, el de los tejidos. Y los problemas de los tejidos encuentran su mejor solución en los órganos, como el estómago y el corazón. Y, a su vez, las necesidades de los órganos son mejor satisfechas por una criatura viva. En otras palabras, las células del águila necesitan alimento, pero el águila es un mejor cazador de comida de lo que lo podrían ser sus células o su estómago.

Cuando un laika quiere resolver un problema, practica la alquimia indígena y luego accede a un nivel más alto de percepción, donde las soluciones están disponibles. El laika soluciona los problemas de las células desde el nivel del águila (o de las abejas desde el nivel de la colmena).

Para aprender la alquimia indígena, debemos comprender la interconectividad de la gran colmena humana, y de toda la vida. Claude Lévi-Strauss, el renombrado antropólogo, dijo una vez que para comprender cómo funciona el universo, primero debemos comprender cómo lo hace una brizna de hierba al convertir la luz en vida a través de la fotosíntesis. Pero para que un laika pueda descifrar el funcionamiento de una brizna de hierba, primero va a tener que entender cómo funciona el universo. Y esto es algo que la alquimia indígena nos ayuda a lograr.

La alquimia indígena consiste en cuatro pasos: *identificación, diferenciación, integración* y *trascendencia*. La identificación es la cualidad de la serpiente; la diferenciación, la del jaguar; la integración, la del colibrí, y la trascendencia, la del águila. Las células pueden ser consideradas organismos individuales; sin embargo, se diferencian (especializan) en células musculares, cerebrales, de la piel y otras; luego se integran para formar el corazón, el estómago, el cerebro, etcétera, y finalmente trascienden la suma de sus partes. No puedes describir a un águila enumerando sus órganos, pese a estar constituida por ellos.

El filósofo Ken Wilber explica este proceso y describe cómo, cuando niños, nos identificamos con nuestros padres y luego, al entrar en la adolescencia, nos diferenciamos de papá y mamá para desarrollar nuestra propia identidad. Finalmente, seremos capaces de integrar a nuestros padres en nuestras vidas sin miedo a perder nuestra identidad, y trascenderemos esa identidad al convertirnos nosotros mismos en padres. (Como es obvio, algunas personas no se convertirán literalmente en padres, pero sí cuidarán y se ocuparán de otras personas.) Todos conocemos gente cuyos padres fallecieron antes de que tuvieran la oportunidad de integrar la relación que tenían con ellos, y lo penoso que esto resulta.

Siempre estamos identificándonos con algunas cosas, diferenciándonos de otras o integrándolas, y trascendiéndolas. Me encanta ver los cambios que se producen a lo largo de la temporada de fútbol, por ejemplo, y cómo los seguidores se identifican con su equipo regional y desprecian a los jugadores de los otros equipos. Pero cuando se elige a uno para que represente a su país en la Copa del Mundo, los seguidores comienzan a aclamar a los jugadores que habían despreciado unas semanas antes, ya que ahora se identifican con un nivel nacional.

Esto es parecido a la forma en que la mayoría de la gente en los Estados Unidos se identifica con una región (como el medio oeste) y se diferencia de la gente de otra región (como el sudeste), pero cuando surge una crisis como la del terrorismo, nos integramos y nos identificamos todos como estadounidenses. El paso final de trascendencia consiste en identificarnos como ciudadanos del mundo y comprender que ciertos problemas, como el calentamiento global, el sida, la polio y otros, sólo pueden resolverse a nivel planetario. Nuestras lealtades locales y nacionales son sustituidas por una lealtad hacia todos nuestros semejantes y hacia nuestro planeta.

La alquimia indígena no sólo describe los cuatro niveles de la percepción, sino que también nos ayuda a recorrerlos. No sólo te explica que el agua es H_2O sino que también te enseña cómo hacer llover. La alquimia indígena es el camino más rápido para transformar tu vida... pero no puedes saltarte ninguno de los pasos. Después de todo, las células no pueden convertirse en águilas, a menos que primero se diferencien para formar órganos y que luego se integren para constituir sistemas.

Una de mis alumnas tiene una hija que es una entusiasta jugadora de fútbol, y mi alumna se pasa varias horas al día yendo y viniendo con su monovolumen para llevar a su hija y a otras niñas a los entrenamientos. Todo el mundo la consideraba la típica madre americana, pero ella sabía que estaba destinada a ser una maestra y una chamán porque sentía una fuerte vocación espiritual. Un día se descubrió un bulto en el pecho que le fue diagnosticado como cáncer. A los ojos de todo el mundo, era ahora una típica madre americana y, además, una paciente de cáncer. Sin embargo, no quería identificarse con su enfermedad —deseaba diferenciarse del cáncer y luego superarlo—. Fue entonces cuando entró en la escuela Healing The Light Body.

Después de la primera semana de adiestramiento, le anunció a su familia que no era ni una típica madre americana ni tampoco una paciente de cáncer —ella era una chamán—, pero nadie le creyó. «Yo no soy mi cáncer», les decía a los otros alumnos, «sólo estoy combatiendo el cáncer.» *Nosotros* sí la creímos, y respetamos el hecho de que se estuviera diferenciando de la enfermedad. Pronto comenzó a lograr la integración, diciendo: «No soy mi cáncer, y no lo estoy combatiendo, estoy aprendiendo de él. Es mi llamada de atención». La integración de su cáncer le permitió llegar a la última etapa de la alquimia indígena, la trascendencia. Al final de su adiestramiento, pudo decir: «El cáncer me ha salvado la vida al darme la oportunidad de reinventarme a mí misma».

Mi alumna había dejado de identificarse con su diagnóstico; ahora reconocía que su curación tenía que ver con seguir su vocación y convencer a su familia para que la ayudara a convertirse en la chamán y curandera que ella quería ser. Tuvo que someterse a quimioterapia y cambiar sus relaciones personales. No podía tomar ningún atajo y convertirse en una chamán de la noche a la mañana, porque eso no habría sido auténtico. No habría producido ninguna transformación personal y sólo habría sido una fantasía. El proceso de la alquimia indígena requiere tiempo.

El paso más difícil es salir del nivel de la serpiente, porque cuando nos identificamos con algo —como el hecho de ser madre, un alcohólico en recuperación, un paciente de cáncer o un hijo de padres abusivos— nos convencemos de que eso es lo que somos realmente, y nos vemos atrapados en la pesadilla. Nos olvidamos de que nosotros somos los que estamos soñándolo todo y haciéndolo realidad. Afortunadamente, cada uno de los niveles de la alquimia indígena nos hace progresivamente más conscientes para que así podamos transformar el sueño.

Comprender que las necesidades de las bellotas las resuelven mejor que nadie los robles es algo que sucede en el nivel del jaguar (la mente). Para transformarnos a nosotros mismos, debemos ir más allá del hecho de comprender qué es lo que queremos cambiar —debemos experimentar la transformación en los niveles del colibrí y del águila—. Cuando una bellota es colocada en la tierra, debe renunciar a su identidad de «semilla» y comenzar a considerarse un «roble». Del mismo modo, nosotros también hemos de abandonar nuestras percepciones de nosotros mismos como seres agobiados por un problema o atrapados en un rol, y vernos como seres libres de aquello a lo que nos aferramos y con lo que nos identificamos, por muy improbable que nos parezca que lo vayamos a conseguir.

El siguiente ejercicio te ayudará a cambiar en el nivel mítico y energético. Lo he usado conmigo mismo, con mis clientes y cuando me han llamado para asesorar a organizaciones. Léelo, piensa en los problemas a los que te enfrentas en tu vida, y comienza a juntar piedras, palos y otros objetos para representar esos problemas y roles. Puede que quieras empezar escribiendo aquello con lo que te quieras identificar y aquello que quieras diferenciar, integrar y trascender, y luego piensa en estos cambios.

Si has olvidado cómo convertir tus proyecciones en declaraciones de viaje, vuelve a leer el ejercicio anterior «Adueñarte de tus proyecciones». Cuando estés listo, puedes realizar este ejercicio para efectuar cambios en el nivel del colibrí o incluso en el nivel del águila.

EJERCICIO: LA TRANSFORMACIÓN A TRAVÉS DE LA ALQUIMIA INDÍGENA

Es mejor realizar este ejercicio al aire libre, en una playa o en un patio, usando un palo para dibujar un círculo en el suelo. Vas a crear cuatro mandalas, o representaciones tridimensionales de tus plegarias. Si puedes, realiza esta práctica en un lugar de poder, un templo natural de la tierra como una hondonada cerca de un río o un lugar sagrado en el bosque o en las montañas. También lo puedes hacer en tu cuarto de estar usando cuatro hojas de papel.

1. Primero dibuja a tu alrededor un círculo con un radio de 1,20 metros. Éste es el **anillo de la serpiente**. Luego, elige una piedra o un palo para representar algo con lo que estés identificado. Esto es fácil de encontrar: cualquier problema que tengas indica una identificación. Concéntrate en este problema mientras sostienes la piedra en la mano, y luego insúflale a la piedra todo aquello que sientas respecto a este problema: tu preocupación, tu rabia, tu frustración, tu dolor...

   Coloca la piedra en cualquier parte dentro del círculo. Puedes hacer esto con hasta tres problemas que tengas en la actualidad, y colocar las piedras correspondientes dentro del círculo. Puedes diferenciar cada una de ellas con una marca o simplemente recordar que la pequeña piedra blanca representa el mal empleo que tienes, la oscura simboliza el hecho de ser una sacrificada mujer católica, y así sucesivamente. (También puedes escribir en un papel lo que cada piedra representa.) Decora tu círculo usando algas, hojas, tierra, musgo, y cualquier otra cosa que se pueda relacionar con las energías y las personas relacionadas con este problema, y que influyen en él.

2. Dibuja otro círculo junto al primero, donde colocarás un problema o asunto del que te has diferenciado. Éste es el **anillo del jaguar**. Por ejemplo,

puede que ya no te identifiques con el hecho ser católico, con la ciudad donde has nacido o con el hecho de ser un hombre de negocios. Elige ejemplos recientes —quizá algo que te dejó muy preocupado el año pasado, pero que ahora se ha resuelto—. Es posible que hace algunos años fueses una feminista muy militante, y que pese a que sigues defendiendo esos valores, la palabra *feminista* ya no describe quién eres.

Insufla en otra piedra (o palo) los sentimientos que tengas, y colócala dentro de tu mandala. De nuevo, puedes hacer esto con hasta tres asuntos. Ten en cuenta que usar más de tres puede resultar confuso. Decora tu círculo con musgo, hierba y otros objetos para representar la gente y las energías relacionadas con quien solías ser.

3. Ahora dibuja otro círculo junto a este último, donde colocarás un elemento que hayas integrado. Éste es el **anillo del colibrí**. Por ejemplo, puedes haber integrado el hecho de haber envejecido, de modo que no te estás buscando nuevas canas cada mañana ni ya te preocupas más por tu edad. Puede que hayas integrado el hecho de ser un escritor o un chamán, así que ya no necesitas esconder esto de los demás, ni explicarte ante la gente que crees puede haberte juzgado mal.

Por ejemplo, durante muchos años me ha dado vergüenza decirle a la gente que soy chamán, y cuando la persona sentada a mi lado en un avión me preguntaba a qué me dedicaba, le contestaba que era antropólogo. Hoy en día me siento cómodo con mi rol de chamán y curandero, y he integrado este aspecto de mi vida. Y aunque generalmente no intento iniciar una conversación con las personas sentadas a mi lado en un avión, cuando lo hago, descubro que suelen estar bastante interesadas en el tema del chamanismo. El destino hace que me siente junto a gente que me devuelve el reflejo de mi yo integrado.

4. Ahora dibuja un último círculo, donde colocarás un elemento que hayas trascendido. Éste es el **anillo del águila**. Puede que hayas trascendido tu nacionalidad, por ejemplo, y que hoy te consideres un ciudadano del mundo. O, si estás familiarizado con la música o la literatura de la gente más joven o más mayor que tú, es posible que hayas trascendido tu generación. Puede que también lo hayas hecho con tu estatus social, con ser rico o pobre, con tu rol de hijo, hija o madre, o incluso con una enfermedad física. Insufla alguno de estos elementos en la piedra (o en un palo) y colócala dentro de tu círculo.

Una vez hayas creado estos cuatro mandalas, tendrás un mapa de los temas centrales de tu vida y de los problemas a los que te enfrentas. Pero un mapa sólo es útil si te permite recorrer el territorio que describe, así que elige una piedra o un palo de cualquiera de los círculos a fin de que puedas usar la alquimia indígena para transformar aquello que representa.

Digamos que quieres comenzar con algo del círculo de la diferenciación (jaguar) —en este caso, el rol de hija, representado por una de las piedras que allí se encuentran—. Recoge esa piedra y sostenla en la mano durante algunos minutos. Examina las grietas en la piedra mientras recuerdas tu anterior identificación con el rol de «hija», y luego piensa en los períodos de rebelión por los que pasaste cuando no le hablabas a tu madre o cuando querías demostrar que estaba equivocada. Este período de rebelión es lo que te ha permitido diferenciarte de ese rol, a pesar de que pueda haber sido muy doloroso y difícil para todos los implicados.

Piensa en cuando culpaste a tu madre de tu infelicidad... y ahora aduéñate de esa proyección. Di en voz alta: «Ser hija de mi madre no es lo que me hizo infeliz. Yo soy responsable de mi propia infelicidad y fui incapaz de ser fiel a mí misma», y advierte si esa afirmación te suena verdadera. Adueñarte de la proyección te permite diferenciarte completamente —es decir, comprender que «yo ya no soy esa persona».

A continuación, convierte la proyección en una declaración de viaje. Podría ser algo como: «Ser fiel a mí misma me proporciona felicidad, y puedo compartir esta felicidad con mi madre y otras personas». La declaración de viaje es lo que te lleva desde el anillo del jaguar hasta el del colibrí, hasta la integración. La declaración de viaje contiene las lecciones que necesitas aprender para integrar «la hija» en un nivel superior.

Lo importante aquí es la lección. Una vez la hayas aprendido y estés lista para hacer la declaración de viaje, podrás llevar la piedra hasta el círculo del colibrí. Te has embarcado en un viaje sagrado sin pasarte dos años en terapia y sin darle muchas vueltas a si vas a tener el tiempo o la energía suficiente. La lección podría ser que debes perdonar a tu madre —y perdonarte a ti misma—. (Observa que la lección va a ser distinta para cada uno de nosotros.) Cuando hayas aprendido la lección, podrás pasar a otro asunto.

Como puedes ver, para abandonar tu identificación (y acceder al nivel del jaguar), tienes que adueñarte de tu proyección. Para ir más allá de la diferenciación (y acceder al nivel del colibrí) debes convertirla en una declaración de viaje y preguntarte a ti mismo: «¿Qué es lo que tengo que aprender para poder seguir adelante?». Y para ir más allá de la integración y alcanzar la trascendencia (nivel del águila) debes poder ver una oportunidad donde antes sólo percibías problemas. La alquimia indígena te permite realizar tu aprendizaje interiormente, en lugar de hacerlo con tus hijos, padres, pareja y compañeros de trabajo. Por supuesto, luego aplicas estas lecciones en el mundo y llamas a tu madre para pedirle que te perdone, o para decirle que la quieres. Ya no necesitas que los demás te devuelvan el reflejo de las lecciones que aún no has aprendido.

Un Guardián de la Tierra puede realizar esta alquimia con la ayuda de su bolsa medicinal. En ella lleva una colección de piedras y objetos sagrados. Usa una piedra u objeto para representar cada asunto que está intentando resolver en su vida —y cuando haya aprendido las lecciones y pueda desplazar la piedra hasta el próximo anillo, ese objeto podrá volver a la bolsa como parte de sus remedios espirituales, y podrá ayudar a otras personas—. Cuando esté listo para pasar el asunto al siguiente nivel, podrá sacar las piedras de la bolsa medicinal. (Las piedras no son más que una representación, una ayuda visual. La alquimia es un fenómeno interior.)

Al final, la bolsa medicinal del Guardián de la Tierra contiene toda la sabiduría que ha acumulado sobre sí mismo y sobre la naturaleza. Sus piedras se han convertido en objetos de poder, y su identidad estará basada en aquello que ha trascendido. El Guardián de la Tierra ve oportunidades por todas partes, y puede decir: «Yo soy las montañas, yo soy las paredes de roca roja del cañón, yo soy el Espíritu».

Compruébalo por ti mismo...

EPÍLOGO

Los laikas fueron siempre hombres y mujeres extraordinarios que llevaron una vida ordinaria. No nacieron con dones especiales, pero alcanzaron una gracia y un poder asombrosos mediante la práctica de las cuatro revelaciones. Algunos se convirtieron en importantes líderes y chamanes, otros llevaron vidas sencillas, criando a sus hijos y cultivando maíz. Y estas revelaciones nunca le fueron impuestas a la siguiente generación —los laikas creían que la gente acudiría a ellos cuando estuviera lista y sintiera la llamada para hacerlo.

Muchos de los que lean este libro sentirán esta llamada del Espíritu y desearán hacer algo para mejorar el mundo y sus propias vidas. Cuando llegues al camino del Guardián de la Tierra con el corazón abierto y sinceridad de propósito, descubrirás pronto que no estás solo. Te verás rodeado de individuos de ideas afines que intentan vivir siguiendo una ética y una visión. También serás guiado por los seres luminosos que vivieron en este planeta hace muchos miles de años—seres que hoy son parte de la gran matriz de la vida—. Estos Guardianes de la Tierra añadirán su poder y su visión al tuyo.

Cuando accedas a la quietud del colibrí, sentirás la presencia y la sabiduría de aquellos que han trascendido el tiempo lineal y que hoy residen en el tiempo sagrado, en el infinito, libres de las garras del karma y del renacimiento. Cuando hayas alcanzado un nivel de vibración con el que puedan sintonizar y cuando tu campo de energía luminosa (CEL) haya sido limpiado de todos los desechos psíquicos dejados por los traumas pasados, los Guardianes de la Tierra te visitarán y te guiarán. Cuando entres en contacto con ellos, podrás recordar historias que nunca experimentaste directamente pero que ahora te pertenecen. Recordarás haber estado sentado en torno al fuego con un búfalo tras de ti, y haber meditado en un templo de piedra rodeado de nieve.

Como los Guardianes de la Tierra también vienen del futuro, podrán ayudarnos a ver en qué nos convertiremos los humanos de aquí a 10 000 años. Los recuerdos del pasado están disponibles para los laikas, quienes usan este gran depósito de conocimientos que existe fuera del tiempo. Las visiones del futuro aparecen como posibilidades, ya que todo lo que está por venir se encuentra aún en su forma potencial. Por eso los Guardianes de la Tierra pertenecientes a las tribus hopi, maya, inca y muchas otras se reúnen regularmente para rezar por la paz en el mundo. Lo hacen siguiéndole el rastro a los posibles futuros para la tierra a fin de encontrar uno en que los ríos y el aire estén limpios, y los seres humanos vivan en armonía unos con otros y con la naturaleza. El acto de encontrar este futuro deseable lo emplaza en nuestro destino colectivo y lo hace un poco más probable que antes, porque ha adquirido otro *quantum* de energía proveniente de estos chamanes.

Cuando entramos en contacto con los seres luminosos, sus historias se convierten en las nuestras: «recordamos» realmente haber cruzado el estrecho de Bering o haber atravesado el desierto de Sonora para pasar a América Central, o incluso antes que eso, haber franqueado el Himalaya hasta llegar a los fértiles valles del norte de la India. Cuando entramos en contacto con los Guardianes de la Tierra provenientes del futuro, accedemos a unos conocimientos que pueden mejorar la calidad de nuestro ADN. Esto va en contra de la sabiduría científica, según la cual nuestros genes sólo pueden ser influenciados por el pasado, por los dones y enfermedades que tenían nuestros ancestros. Los laikas comprenden que cuando nos hallamos libres de los límites del tiempo, el futuro puede extender su mano hacia atrás, como si de un gigante se tratara, y arrastrarnos hacia delante. Podemos ser influenciados por aquello en lo que nos estamos convirtiendo.

A medida que practiques las cuatro revelaciones que he descrito en este libro, tus chakras se abrirán y adquirirás lo que los laikas llaman el «cuerpo arco iris». Esto ocurre cuando tus centros de energía brillan con su resplandor original porque no han sido empañados por ninguna enfermedad o trauma. Recuerda que cada uno de tus chakras tiene un color, y cuando todos brillan con su luz original, emiten los colores del arco iris. Cuando pierden brillo debido a algún trauma, tu campo de energía luminosa adquiere un tono grisáceo y tus chakras se bloquean.

Una vez hayas adquirido un cuerpo arco iris, los luminosos Guardianes de la Tierra podrán llegar hasta ti porque reconocerán que compartes una misma visión y vocación. Cuando esto ocurra, y en el caso de que hayas desarrollado la capacidad para ver el mundo invisible, podrás discernir la anterior forma física de estos seres luminosos. (A veces la gente los percibirá bajo la forma de ancianos indígenas, vistiendo ropas de Asia, pieles de Siberia o plumas de la Amazonia.) Esto sucede en el nivel de la serpiente. En el del jaguar, podrás percibir sus pensamientos y sentimientos. Pero el fenómeno más interesante comienza a suceder en el nivel del colibrí, en que tienes acceso a la sabiduría de los Guardianes de la Tierra y a sus historias. Y luego, en el nivel del águila, podrás «descargar» una mejor y más nueva versión del *software* que regula tu campo de energía luminosa, que a su vez regula tu ADN, dándole instrucciones sobre cómo crear un nuevo cuerpo que luego envejecerá, se curará y morirá de manera distinta.

No hay nada que necesites hacer para atraer a los seres luminosos: ellos vienen a ti cuando los invitas y cuando estás listo para recibirlos. (Recuerda que cuando el alumno se encuentra preparado, el maestro aparece.) Ellos no te molestarán en absoluto, y te ayudarán a traer un poco más de luz y de curación a este mundo. También te protegerán de toda la negatividad y de las energías del miedo que existen actualmente en el mundo.

La naturaleza de los seres luminosos

Los Guardianes de la Tierra son nuestros protectores porque son seres humanos que se han elevado al nivel de los ángeles. Algunos Guardianes están encarnados, otros presentan una forma espiritual, pero todos tienen la obligación de proteger a aquellas personas que cuidan de la salud del planeta. Los budistas llaman a estos seres *bodhisattvas* —son los mejores aliados espirituales que uno pueda tener, y nos proporcionan el conocimiento sobre cómo podemos convertirnos nosotros mismos en ángeles—. Esto es lo que quieren decir las profecías de los laikas cuando nos dicen que tenemos el potencial para convertirnos en *Homo luminoso*. Podemos desarrollar el campo de energía luminosa de los ángeles durante nuestras vidas, y las cuatro revelaciones nos proporcionan las claves para hacerlo.

Cuando sigamos el camino del héroe, del guerrero luminoso, del visionario y del sabio, y evolucionemos hasta convertirnos en *Homo luminoso*, ya no necesitaremos llamar a los ángeles y arcángeles para que nos ayuden, porque nosotros mismos nos estaremos convirtiendo en seres como ellos. Recuerda lo que dijo Dios en la Biblia: «He aquí que el hombre se ha vuelto como uno de nosotros, conocedor del bien y del mal. Ahora, que alargue su mano y tome también del fruto del árbol de la vida, y coma de él y viva eternamente».

Al convertirnos en Guardianes de la Tierra, pasamos a engrosar las filas de los ángeles, los cuales provienen de muchos mundos distintos y fueron las almas originales que estaban presentes antes de la Creación. Ellos no pasan por diversas encarnaciones como nosotros porque no precisan una forma corporal, dado que no necesitan aprender y crecer a lo largo de una existencia en el mundo material. Los ángeles tienen una vida eterna, y son los guardianes de muchos mundos en muchas galaxias.

La práctica de las cuatro revelaciones es vitalmente importante si uno pretende convertirse en un Guardián de la Tierra. Cuando practicamos la no violencia, la paz y la integridad, no nos convertimos en alimento para los demás y podemos mantener la integridad de nuestro campo de energía luminosa. No desperdiciamos nuestro poder espiritual, y éste queda disponible para nuestro crecimiento.

RITOS DE INICIACIÓN

El adiestramiento del laika gira en torno a las cuatro revelaciones —pero el adiestramiento del Guardián de la Tierra también tiene un componente energético, o una serie de nueve iniciaciones que acompaña a las revelaciones.

Estos nueve ritos de iniciación pueden ayudarnos a desarrollar una nueva arquitectura de nuestro campo de energía luminosa, porque sirven para anclar cada uno de los momentos críticos del proceso de convertirse en un *Homo luminoso*. Los ritos son la suma de todas las armonizaciones por las que tenemos que pasar a medida que transitamos del cuerpo de un humano al de un ángel. Estos nueve pasos les fueron enseñados a los antiguos maestros por los propios arcángeles, y hoy los maestros se los enseñan a sus alumnos. Cuando un Guardián de la Tierra realiza estos ritos con un alumno, el linaje de los laikas está siendo transmitido, pasando de la cabeza del maestro a la del alumno cuando se inclinan uno hacia el otro y sus frentes se tocan. Para transmitir este rito, el Guardián de la Tierra simplemente mantiene el espacio sagrado y encarna la vibración del nivel que quiere transmitir.

Me gustaría compartir brevemente estos nueve ritos contigo para que los conozcas. Cuando pasas por estas iniciaciones, son tuyas para que se las transmitas a otros si así lo deseas. Recuerda que estos ritos de iniciación pueden ser recibidos directamente de los Guardianes de la Tierra que pertenecen al mundo espiritual. Si estás receptivo, puedes experimentar estas iniciaciones durante el sueño. Pero si se te presenta la oportunidad, intenta recibirlas en persona. (Por favor visita mi sitio web, **www.thefourwinds.com**, a fin de encontrar a alguien en tu zona que esté cualificado para realizar estos ritos.)

Los nueve ritos

1. El primer rito consiste en **protecciones instaladas en tu campo de energía luminosa**. Conocidas como «cinturones de poder», estas protecciones son cinco cinturones luminosos que representan la tierra, el aire, el fuego, el agua y la luz pura. Actúan como filtros, descomponiendo cualquier energía negativa dirigida hacia ti en uno de los cinco elementos, para que estas energías te alimenten en lugar de hacerte enfermar o envenenarte. Como

estos cinturones de poder están siempre activados, las energías negativas rebotan en ellos. En un mundo lleno de miedo, proporcionan una protección esencial.

2. El segundo es el **Rito del Chamán**. Te conecta con un linaje de chamanes del pasado, y éstos acuden a ayudarte en tu curación personal. Los laikas saben que todos podemos recibir una gran ayuda espiritual, y que estos seres trabajan durante nuestro sueño para curar las heridas del pasado y de nuestros ancestros.

3. El tercero es el **Rito de la Armonía**, en que un laika les transmite siete arquetipos a tus chakras. En el primero, recibes el arquetipo de la serpiente; en el segundo, el del jaguar; en el tercero, el del colibrí, y el del águila en el cuarto. Luego tres «arcángeles» entran en tus tres chakras superiores: Huáscar, el guardián del mundo inferior y del inconsciente entra en el quinto chakra (la garganta); Quetzalcoaltl, la serpiente emplumada, divinidad de las Américas y guardián del mundo medio (nuestro mundo de vigilia) va en el sexto chakra, y Pachakuti, el protector del mundo superior (nuestra superconciencia) y guardián del porvenir, va en el séptimo.

Estos arquetipos les son transmitidos a tus centros de energía bajo la forma de semillas. Estas semillas son germinadas con fuego, de modo que tienes que realizar una serie de meditaciones de fuego para despertarlas y hacerlas crecer.

Más adelante, te ayudarán a derretir los desechos psíquicos que se han acumulado en tus chakras, con objeto de que puedan brillar con su luz original, a medida que adquieres un cuerpo arco iris.

Esta práctica te ayuda a desprenderte de tu pasado de la misma forma que una serpiente muda de piel.

4. A continuación viene el **Rito del Visionario**, que se realiza extendiendo vías de luz entre el córtex visual situado en la nuca, tu tercer ojo y tus chakras del corazón. Esta práctica despierta tu capacidad para percibir el mundo invisible. Muchos de nuestros alumnos de la escuela Healing the Light Body comprueban que después de realizar durante algunos meses el Rito del Visionario son capaces de percibir el mundo de energía que los rodea.

5. El quinto es el **Rito del Guardián del Día**. Los Guardianes del Día eran los maestros de los antiguos altares de piedra encontrados en los lugares sagrados de todo el mundo, desde Stonehenge hasta el Machu Pichu. El Guardián del Día es capaz de invocar el poder de estos antiguos altares para curar y para traer armonía al mundo. Este rito es una transmisión energética que te conecta con un linaje de maestros chamanes del pasado.

Según la tradición, los Guardianes del Día invocan al sol para que salga cada mañana y se ponga cada tarde, y comprueban que los humanos vivan en armonía con la Madre Tierra y que honren la parte femenina de su ser. Los Guardianes del Día eran las parteras que ayudaban en los nacimientos y en las muertes, además de ser expertos en hierbas y curanderos. Este rito ayuda a integrar tu lado femenino, a superar el miedo y a practicar la paz.

6. El sexto es el **Rito del Guardián de la Sabiduría**. La tradición dice que la antigua sabiduría reside en las altas montañas. Los picos cubiertos de nieve de los Andes eran reverenciados como lugares de poder, al igual que otras montañas alrededor del mundo —monte Sinaí, monte Olimpo, monte Fuji...—. Las montañas han sido honradas como lugares donde lo humano y lo divino se tocan.

El linaje de los Guardianes de la Sabiduría está constituido por hombres y mujeres que han derrotado a la muerte y se han salido del tiempo. El trabajo del Guardián de la Sabiduría consiste en proteger las enseñanzas liberadoras y compartirlas con los demás cuando corresponda. Este rito te ayudará a salirte del mundo del tiempo y experimentar la infinitud.

7. El séptimo es el **Rito del Guardián de la Tierra**. Este rito te conecta con un linaje de arcángeles, que son los guardianes de nuestra galaxia, y que presuntamente tienen forma humana y son tan altos como árboles.

Los Guardianes de la Tierra, que son custodios de toda la vida en el planeta, se hallan bajo la protección directa de estos arcángeles y pueden invocar su poder siempre que lo necesiten para traer paz y equilibrio a cualquier situación. El Rito de los Guardianes de la Tierra te ayuda a aprender la forma de ser del visionario, y a soñar un mundo y manifestarlo.

8. El octavo es el **Rito del Guardián de las Estrellas**. Este rito te permitirá superar el gran cambio que se dice que se va a producir alrededor del año 2012. Según la tradición, cuando recibes este rito, tu cuerpo físico comienza a evolucionar y te conviertes en un *Homo luminoso* —el proceso de envejecimiento se ralentiza, y te haces inmune a enfermedades a las que eras vulnerable.

   Después de que recibí estos ritos, noté que ya no procesaba los acontecimientos principalmente en el nivel de la serpiente. Cuando me resfriaba, por ejemplo, lo procesaba en el nivel energético y el resfriado desaparecía en un par de días en lugar de en una semana. Comencé a vivir y a procesar los acontecimientos de mi vida en el nivel del colibrí y del águila. Cuando recibas estos ritos de iniciación, te convertirás en el custodio de los tiempos venideros y de todas las generaciones futuras.

9. Finalmente está el **Rito de Dios**. Cuando recibas esta iniciación, despertarás a la divina luz interior y te convertirás en el custodio de toda la creación, desde el más pequeño grano de arena hasta el mayor grupo de galaxias del universo. Este rito nunca ha estado disponible antes en este planeta, pero lo está ahora. Aunque ha habido individuos que han alcanzado este nivel de iniciación y que han despertado a su conciencia de Buda o de Cristo, nunca hasta ahora había sido posible transmitir esta iniciación de

persona a persona. A pesar de que la transmisión entre el Espíritu y los humanos se daba ocasionalmente, la de un humano a otro resultaba imposible.

Aunque tradicionalmente los individuos recibían estas iniciaciones de los maestros laikas, a medida que practiques estas revelaciones, descubrirás que recibes estas iniciaciones directamente del Espíritu... y serás bendecido por los ángeles. Sólo necesitas abrirte a la sabiduría de los Guardianes de la Tierra, y todo te será dado.

He visto cómo esto sucede con mis alumnos. Puede que ellos vengan una tarde en que estoy realizando los ritos de iniciación, y que no estén en absoluto preparados para recibirlos. Puede que se hallen distraídos o pensando en algún problema, lo que hace que no estén plenamente presentes para la experiencia. Y como la transmisión tiene lugar en menos de un minuto, cuando se dan cuenta de lo poco preparados que se encuentran, ya es demasiado tarde.

Pero luego, durante los meses siguientes, percibo que reciben la iniciación directamente del Espíritu. Me doy cuenta porque cambia la cualidad de su campo de energía luminosa. Soy consciente de que han sido tocados por el ángel de la vida.

Y lo mismo te sucederá a ti.

NOTA DEL AUTOR

Según la tradición, las enseñanzas de los Guardianes de la Tierra tienen más de 100 000 años de antigüedad. Durante todo este tiempo, estas enseñanzas han pasado por muchas transformaciones, mientras los habitantes de la montaña emigraban en busca de tierras fértiles y cruzaban los hielos de Siberia hasta llegar a las junglas del continente americano. En la actualidad, cuando este antiguo cuerpo de conocimientos está comenzando a penetrar en el siglo XXI, estamos pasando por otro período evolutivo. Y aunque cambie la forma externa de las enseñanzas, la esencia sigue siendo la misma.

Creo que somos los nuevos Guardianes de la Tierra —después de todo, se dice que éstos vendrán de Occidente—. Me encantaría tener noticias de tus experiencias con las cuatro revelaciones, y saber de los éxitos y retos que encuentres en tu práctica.

En el Espíritu,
Alberto Villoldo
www.thefourwinds.com
villoldo@thefourwinds.com

AGRADECIMIENTOS

Los verdaderos creadores de este libro son los chamanes de las Américas. Ellos vivieron dando testimonio de sus convicciones y de su experiencia del Espíritu y de la divinidad. Fueron los maestros de mis maestros, y estoy en deuda con ellos por haber compartido de buena gana sus conocimientos conmigo durante los veinticinco años en que fui adiestrado por los laikas.

Quiero expresar mi agradecimiento a Reid Tracy, de la editorial Hay House, por la oportunidad que me ha dado al publicar este libro, y también por su apoyo y su aliento.

También estoy en deuda con Nancy Peske, por su inspiración y sus correcciones. Ha sido de gran ayuda en la labor de llevar al papel estas antiguas enseñanzas. Y mis editores de Hay House, Jill Kramer y Shannon Littrell, han apoyado este proyecto desde un comienzo.

Es difícil poder nombrar a todas las personas que me han dado su apoyo y su afecto, pero entre las más importantes están Marcela Lobos, Susan Reiner, y Ed y Annette Burke, que me proporcionaron un lugar al borde del mar para poder escribir; y los incas del Perú, cuyos ancestros vivieron y enseñaron la sabiduría de las cuatro revelaciones.

Finalmente, quiero expresar mi agradecimiento a nuestros alumnos de la Four Winds Society (Sociedad de los Cuatro Vientos) por incorporar estas revelaciones en sus vidas e introducir estas enseñanzas en el siglo XXI.

ÍNDICE